Rudolf Gerhardt

Recht so?

Rudolf Gerhardt

Recht so?

77 Geschichten aus der Fundgrube der Justiz

Tectum Verlag

Rudolf Gerhardt

Recht so? 77 Geschichten aus der Fundgrube der Justiz
© Tectum – ein Verlag in der Nomos Verlagsgesellschaft, Baden-Baden 2018

ISBN: 978-3-8288-4271-7
E-Book: 978-3-8288-7168-7
ePub: 978-3-8288-7169-4

Umschlagabbildung und weitere Abbildungen: © Lutz Busching
Druck und Bindung: Docupoint, Barleben
Printed in Germany
Alle Rechte vorbehalten

Besuchen Sie uns im Internet
www.tectum-verlag.de

Bibliografische Informationen der Deutschen Nationalbibliothek
Die Deutsche Nationalbibliothek verzeichnet diese Publikation in der Deutschen Nationalbibliografie; detaillierte bibliografische Angaben sind im Internet über http://dnb.d-nb.de abrufbar.

Inhaltsverzeichnis

Das Lächeln der Menschen **9**

Euro-Primel. 11
Auf Heller und Cent 13
Spiele mit dem Leben 15
Das Recht auf Irrtum 17
Liebe und so 19
Museales Gebinde 21
Stumme Gespräche 23
Beipackzettel fürs Leben 25
Nest voller Geborgenheit 27
Wie geht's? 29
Korken und Kronen 31
Flirt mit der Amsel 33
Och nischt los 35
Vom Bellen und Kläffen. 37
Nachruf auf die Krawatte 39
Willkommene „Falschmeldung". 41
Das Geld des kleinen Mannes. 43
Liebe, Mond und Sterne 45
Die Welt im Weichzeichner 47
Wie man Musik erlebt 49
Ein kritischer Vergleich 51
Das Licht im Wirtshaus ist aus 53

Das Lächeln der Justiz. **55**

Müsse muss mer könne derfe. 57
Ein märchenhafter Kuss. 61
Justiz mit Herz – oder ohne 65

Selbsternannter Zeuge 69
Die Anwaltsrobe als Litfasssäule 73
Wortwechsel. 77
Streit um die Morgengabe 81
Justiz mit Herz 85
Liebe, sozialverträglich oder: „Wie die Liebe die Gesellschaft verjüngt" oder:
Die Rolle der Liebe in der Sozialpolitik 87
Hausrat, oder was?. 91
Spaß am Rauchen, Spaß mit Rauchen 95
Wissen, Nichtwissen, Vergessenwerden – Ein weites Feld. 99
Papageien als Lebenspartner 101
„Halt im Leben, oder wo sonst?" 105
Ein Maulkorb im Büro? 109
Froschkönig im Ehebett. 113
Was soll die Rute im Gerichtssaal?. 115
Guter Ton im Gerichtssaal 119
Juristische Liebespoetik 121
Friedenstauben in Selbstverteidigung 125
Von „Tätern" und „Täterinnen" 129
Wein als Kapitalanlage 133
Es lebe die Emanzipation 137
Episoden des Rechts 141
Wenn der Lack ab ist 145
Die Waffe der Definitionsmacht 149
Schmerzensgeld für Tiere 153
Risiken und Nebenwirkungen 155
Beipackzettel der Hoffnung 159
„Wann soll mein Klient denn einbrechen?" 161
Vertrauen ist Vertrauenssache 163
Kein Urteil des Paris. 167
Vorsicht! Menschen! 171

Die „Gebrechen der Justiz"	173
Eheliche Pflichten, und so	177
Und mich fragt keiner	181
Gerichtstracht im Ausland	185
„Grundordnung des gezügelten Lasters"	187
Kein Rohrstock für den Richter	191
Recht auf den Nachklang	195
Bürger-Wut, Bürger-Mut	197
Keine Aussicht auf Scheidung?	201
Neue Jugend für Erde und Mond	205
Wer verliert, der zahlt?	207
Wenn der Ehe-Schleier fällt	211
Wann Musik zum Lärm wird	213
Tiere als Lebensrisiko	217
Temperament und Ehrverletzung	219
Die Kunst des Wegsehens	223
Wie, bitte, soll ich Dein „Nein" verstehen?	227
Kampf um die Küche	229
Böse Nachbarn, gute Nachbarn	233
Eheschließung nur zum Spaß?	237
Recht auf Parallelehe	239
Scheidung auf Probe	241

Das Lächeln der Menschen

Euro-Primel

Da blüht sie noch immer, die kleine gelbe Primel in ihrem irdenen Topf. Und sie blüht vor allem deshalb, weil ihr Durst nach Wasser immer gestillt wird, und weil alle Blütenblätter sorgfältig entfernt werden, die „ausgeblüht" sind. Ihr Anblick macht jeden Tag von neuem Spaß, auch deshalb, weil er ein preiswertes Vergnügen ist. Neunundsechzig Cent kostete das kleine Blumenwesen, da kann man doch wirklich nicht meckern.

Weshalb eigentlich der Gedanke ans „Meckern"? Er war der Frau kurz durch den Kopf gegangen, als sie vor vielen Jahren Primeln in demselben Geschäft gekauft hatte. Das war kurz nach der Einführung des Euro, und da konnte man mit Staunen feststellen, wie einfach diese Währungsumstellung offenbar war. Bis zu diesem Tag hatte die Blume 69 Pfennig gekostet, und – Simsalabim – fortan 69 Cent. Die Käuferin musste zugleich nachdenklich feststellen, dass sich ihr Gehalt über Nacht leider halbiert hatte.

Jede Sache hat drei Seiten: Eine gute, eine weniger gute und eine komische, das hat der geniale Komiker Karl Valentin schon vor Jahrzehnten herausgefunden. Was hat diese Primel damit zu tun? Also, nicht so gut war diese Währungsreform auf kleinster Ebene, aber gut ist es, dass sich der Preis der Blume in den vergangenen Jahren nicht verändert hat: 69 Cent, so steht es noch immer auf dem Schild vor der Pflanze. Und was lernen wir daraus? Gerade in diesen Tagen gibt es Sorgen um den Euro, um Europa ganz allgemein, um die Gefahr einer Inflation und unsere „blühende" Wirtschaft. Von alledem weiß die kleine Blume nichts – sie blüht einfach unverdrossen vor sich hin, zum gleichen Preis.

Na ja, ganz so einfach ist das dann doch nicht: Wie gesagt, sie wird gepflegt und gehegt, gegossen und gezupft, wenn es nötig ist. Und vielleicht könnten sich die Hüter des Euro daran ein Vorbild nehmen: Alles, was gedeihen soll, braucht seine Pflege, dann behält nicht nur eine einfache Blume ihren Wert, sondern auch ein so schwieriges finanzpolitisches Produkt wie der Euro. Und wenn dieses Geld einmal welken sollte, würde das auch ein Karl Valentin ganz bestimmt nicht komisch finden – sondern tief traurig, für alle.

Auf Heller und Cent

In der guten alten Zeit ... Augenblick 'mal! Es stimmt zwar, dass diese Zeit alt ist, ob sie aber auch gut war, darüber müsste man noch reden. In der alten Zeit also, kostete das Leben meist eine runde Summe – einmal abgesehen vom Benzinpreis, der schon lang mit einer hochgestellten „9" endete. Aber all die anderen Waren, die zu kaufen waren: Brot und Brötchen, Bücher und Regenschirme, Urlaubsreisen und sogar Autos. Mark und Pfennig, so übersichtlich konnte man damals mit seinem Geld umgehen.

Heute hat sich alles dramatisch verbilligt. Das jedenfalls wird dem Kunden vorgegaukelt. Den Schnellkochtopf gib es für 39,99 Euro, die Trekkinghose für 14,99, hochgepriesene Weine für 4,99 und fünfteilige Schraubenschüsselsets für 9,99. Man hört von Flugreisen in die Ferne für 19,99, schmucken Armbanduhren für 7,99. Und Bücher, diese Luxusgüter für gehobene Freizeitstunden, kosten 16,99 Euro und nicht runde 17 – dann wäre ein solches Buch für uns auch niemals in Frage gekommen.

Irgendwie ist der runde Euro mit der Null am Ende über die Hintertreppe abgeschafft worden, noch bevor die leise Diskussion aufkam, ob man ihn nicht wirklich abschaffen sollte. Jedenfalls addieren sich die Kosten des Alltags inzwischen auf einer 99-Cent-Basis. Und so gehört es längst zum Alltag, dass dem Kunden an der Kasse ein Cent als Rückgeld zugeschoben wird. Eher seltenen gibt es den Fall, dass der Kunde diesen Cent mit der selbstironischen Bemerkung zurückschiebt, er spende ihn der Dame an der Kasse – für ihren neuen Pelzmantel oder Sportwagen. Vielleicht könnte es ja einmal dazu kommen, dass ein Auto der gehobenen Spitzenklasse 39 999,99 Euro kostet – spätestens dann müsste man doch zugreifen, oder? Auch in der alten Zeit wurde ja auf Heller und Pfennig abgerechnet, aber irgendwie doch weniger reißerisch. Hofft man vielleicht, dass der Kunde nur auf den einen ersparten Cent starrt und die Zahl vergisst, die vor dem Komma steht? Wenn er dann allerdings jeden dieser Cents sorgfältig auf die hohe Kante legen würde, könnte er es schon zu etwas bringen – zumindest im Lauf vieler Jahrzehnte.

Spiele mit dem Leben

Da lag sie vor ihm auf ihrem Rücken, die kleine, hell gefiederte Singdrossel, ganz so, als würde sie gerade ihren Mittagsschlaf halten. Das Vögelchen zeigte auch keinerlei Regung, als er sich nahe zu ihm hinabbeugte. Erst als er es ganz behutsam mit dem Finger berührte, geriet die Drossel in Wallung.

Als er noch einmal nach ihr schaute, saß sie fast aufrecht im Gras. Zwar noch immer recht unbeholfen, aber immerhin lebendig. Und er verspürte endlich so etwas wie Entwarnung für sein Mitgefühl. Aber dann waren am Morgen nur noch ein paar Federn von ihr übriggeblieben. Und da wurde ihm klar: Die fremde Katze hatte sich ihrer angenommen, nach Katzenart. Ja, diese lieben es, mit ihren Opfern zu spielen, und was das für ihre Opfer bedeutet, ahnen sie wohl nicht. Dies ist im Tierreich sonst anders. Zwar lebt die Natur vom Fressen und gefressen werden, aber die meisten Tiere töten nur, wenn sie Hunger haben. Wenigstens für die meisten Katzen gilt diese Regel nicht. Sie spielen mit dem Leben, wenn man so will, mit dem Leben der anderen. Und mit irgendeinem Hunger hat das meist nichts zu tun.

Und wie ist das bei den Menschen? Auch die können manchmal nicht satt werden, auch wenn sie eigentlich genug haben – genug zum Essen sowieso, aber auch materiell. Und sie wissen oft nicht genau, wann sie den Hals voll haben von dem, was sich ihnen so alles anbietet.

Ein kluger Spötter hat einmal gesagt: „Betrachte ich die Umgangsformen der Tiere, komme ich zwangsläufig zu dem Schluss, dass der Mensch das höhere Wesen ist. Betrachte ich die Umgangsformen der Menschen, so werd' ich, ich gesteh es, ganz verwirrt." Was das mit den Katzen zu tun hat? Ich gestehe, da bin auch ich jetzt ein wenig verwirrt.

Das Recht auf Irrtum

Einen Irrtum jedenfalls gibt es, den man gerne verzeiht: Den Irrtum beim Wetterbericht. Wenn diese Propheten der Himmelsmächte namens Sonne, Regen und Wolken uns wahrsagen, dass wir uns auf einen dunklen Himmel und dicke Tropfen einstellen müssen, dann nimmt es ihnen niemand übel, wenn stattdessen die Sonne von einem blauen Himmel strahlt – ein schöner Irrtum.

Weniger erfreut sind wir indessen, wenn die versprochene Sonne ausbleibt und der Himmel sich sein graues Tuch vors Gesicht zieht. Mit den vielen Halbwahrheiten müssen wir uns halt abfinden, wenn vom einerseits-andererseits die Rede ist und wir ratlos hinaus durchs Fenster schauen. Der positive Irrtum ist es aber, den wir den Wetterfröschen gerne nachsehen.

Inzwischen gibt es aber auch so etwas wie Wetterneid. Wenn wir uns morgens im Fernsehen die Wetterkarte ansehen, auf der Sonne, Wolken und Regen so ungleichmäßig verteilt sind, suchen wir nach dem Bild, das unsere Wetteraussichten von diesem Tag zeigt. Und dann wandert unser Blick über all die anderen Symbole im Lande, die zeigen, wie es den anderen geht. Sehen wir bei uns eine gesicherte Hoffnung auf gutes Wetter, sind wir zufrieden mit der Welt. Sind es aber die anderen, die die Sonne für sich haben werden, beschleicht uns leiser Neid: Warum denn schon wieder die, denen ging es doch gestern schon so gut – sonnenmäßig.

Gerechtigkeit, das wissen wir, soll es ja im Himmel geben. Aber am Himmel – in der Verteilung von Sonne und Regen – ist es mit der Gerechtigkeit offenbar nicht weit her. Bevor wir uns aber so richtig darüber entrüsten, erfahren wir von den Wolkenbrüchen, die einige Regionen manchmal so unbarmherzig heimsuchen und von denen wir bisher verschont geblieben sind. Und dann ist unser Schönwetter-Neid zu Ende. Manchmal sind es doch wir, die die besseren Karten ziehen. Und auch die Wetterpropheten haben bei ihren Prognosen keinen direkten Draht zum Himmel. Was sie haben, ist auch das Recht zum Irrtum. Es wäre aber schön, wenn sie sich bei uns möglichst immer im positiven Sinne irren würden.

Liebe und so

Platonische Liebe, was bitteschön ist denn das? Der berühmte griechische Philosoph Platon hat diese Form der Liebe etwa 300 Jahre v. Chr. erfunden, aber benannt wurde sie nach seinem Namen erst im Mittelalter. Platonisch lieben, das heißt seitdem, sich ohne Sex zu begegnen, aber mit einem Herz voll von Freundschaft. Wieweit auch die Erotik damit ausgeklammert sein soll, hat Platon nicht genau gesagt. Damit jedenfalls stand das Tor der Liebe für alle offen – für Frauen und Männer, wo immer die Liebe so hinfällt. Das freilich ist eine philosophische Theorie, und was das Leben aus ihr macht, ist wieder eine andere Sache.

In den Jahren seit 1968 ist die Liebe, sagen wir es einmal so, auf jeden Fall etwas sinnlicher geworden, aber es gibt auch die Liebe, die auch ohne tiefe Freundschaft auskommt, nur nicht ohne Sinnlichkeit.

Seit einiger Zeit aber hat sich im geselligen Umgang wieder so etwas wie eine platonische Zuwendung ausgebreitet: das Bussi-Bussi oder der Luftkuss, wie ihn einmal jemand nannte. Mit einigem freudigen Getöse geht man aufeinander zu und spitzt die Lippen, als wolle man einen gellenden Pfiff ausstoßen. Ein Vorläufer dieses Bussi-Bussi ist ja der Handkuss. Noch heute ist er nicht nur in der Wiener Gesellschaft lebendig. Wer was auf sich hält oder auf die Dame, vermeidet es dabei, mit den Lippen ihre Hand zu berühren. Denn auch das könnte vielleicht als ein Anflug von Sinnlichkeit missverstanden und deshalb von Anhängern der platonischen Liebe missbilligt werden. Nun gibt es aber gelegentlich noch immer verwegene Männer, die eine Frau bei der Begrüßung in die Arme nehmen wollen und sie an die Brust drücken. Handelt so ein Mann platonisch oder sinnlich? Und wie geht eine Frau mit einem solchen Zeitgenossen um, der diese Distanz, die Platon verlangte, einfach nicht einhalten will?

Eine Frau, die offenbar belesen war, sagte einmal in – gespielter Abwehr: „Du bist mir aber viel zu wenig platonisch!" Der Mann, der wohl auch kein Dummkopf war, löste seine Arme von ihr und begnügte sich mit einem Handkuss – in freier Luft und, wenn man so will, rein platonisch. Und dann sagte er: „Das hast Du jetzt davon!"

Museales Gebinde

Die Krawatte ist für uns Frauen eigentlich eine praktische Erfindung", sagte eine lebenserfahrene Frau spöttelnd. „Da wissen wir doch wenigstens, wo bei den Männern der Kopf anfängt." Inzwischen aber ist dieses Teil der Herrenbekleidung auf dem Rückzug.

Dabei hat sie eine lange Tradition, die Krawatte, der Schlips, der Binder. Schon auf schönen Bildern der Renaissance sind feine Herren mit einem Seidenstück zu erkennen, den Kopf darüber aufrecht in die Luft gestreckt. Und dann hat sie im Laufe der Zeit ihren Einzug in die moderne Welt gehalten, als farbenfrohes Schmuckstück an den Hälsen.

Nicht nur für die „Banker" aller Art war sie eine Art von verbindendem Erkennungszeichen, auch im anderen Büroleben gehörte sie dazu, zum Hemd, zur Weste, zum Anzug. Auch in den sogenannten feinen Speiselokalen gab es den „Krawattenzwang". „Hier haben sie einige Schlipse zur Auswahl," hieß es, „und wir freuen uns, sie Ihnen leihweise zu überlassen." Aber das gehört seit langem nicht mehr zum kulinarischen Alltag. Die Krawatte scheint inzwischen so etwas wie ein museales Gebinde.

Auch TV-Moderatoren und Kommentatoren zeigen den Zuschauern jetzt unbekümmert ihren Hals. Bei Talkshows riskieren prominente Gäste Kopf und Kragen – die Krawatten müssen, so scheint es, zu Hause bleiben. Dass sogar Politiker auch bei staatstragenden Auftritten auf die Krawatte verzichten, zeigen der griechische Regierungschef und seine Minister: Ein offenes Hemd, eine Jacke drüber, und das war's. Vielleicht wollten sie damit aber auch sagen: „Seht her, wir können uns keine Krawatten mehr leisten. Und jetzt denkt 'mal über eure Bereitschaft für neue Kredite nach."

Stumme Gespräche

Da saßen sie im Regionalzug beieinander, zwei Mädchen und zwei Jungen, alle vier nur einen kleinen Schritt von der Volljährigkeit entfernt. Wie gebannt starrten sie auf diese kleinen Bildschirme. Irgendwie führte der Zeigefinger Regie, zielbewusst hüpfte er auf den Tasten umher, um Dinge aufzuspüren oder Botschaften einzufangen, die „unter uns" bleiben sollten oder auch nicht. Bisweilen schien es aber in dieser Buchstaben-Welt auch einen Dialog zu geben, ein stummes Gespräch, das manchmal seine Spuren auf den Gesichtern hinterließ. Erst als der Zug an der Endstation angekommen war, schienen die Vier sich einander plötzlich zu entdecken. Man stand auf, packte eilig seine Siebensachen. „Mach's gut!", und dann ging jeder seiner Wege.

Jetzt stieg auch das Paar mittleren Alters aus. Das Handy des Mannes hatte unauffällig auf dem Sitz herumgelegen. Nur selten gab dieses ein Lebenszeichen von sich. Dann schob der Mann seine Brille auf der Nase nach oben und schien die Nachricht zu buchstabieren, die da jemand loswerden wollte. Und meist weihte er auch seine Frau ein, was es da zu lesen gab. Zwischendurch sahen beide einander in die Augen: Kein später Flirt, aber ein gegenseitiges Wahrnehmen zweier Menschen, die ihr Gefühlsleben nicht an Handys aller Art abgetreten hatten.

Und etwas holperig in seinem Alter stieg auch der Mann mit dem Hut auf dem Kopf aus dem Wagen, hielt sich am Griff fest, der die Treppe für ihn begehbar machte. Er hatte die ganze Zeit schweigend dagesessen, irgendwie mit sich beschäftigt und vielleicht auch mit dem Blick auf die Ausläufer des Schwarzwalds, die an seinem Auge vorbeizogen.

Drei Generationen, wenn man so will, die auf sehr verschiedene Weise die Welt um sich wahrnehmen. Natürlich hat das Handy eine neue Welt der Kommunikation erschaffen, bietet allgegenwärtige Kontakte, den schnellen Austausch von Gedanken und Informationen – so etwas wie eine Form der fernen Nähe. Aber nicht ersetzen kann es die alte Form des Gesprächs, den Gedankenaustausch, die gegenseitige Wahrnehmung. Alles das sollte lebendig bleiben – und nicht verstummen.

Beipackzettel fürs Leben

Wenn das Leben einen Beipackzettel hätte, kein Mensch würde damit anfangen. Neulich habe ich überlegt, wie das mit dem Ehe-Leben wäre, wenn das auch einen Beipackzettel hätte? Wie romantisch! Kurz vor dem Ja-Wort noch ein schneller Blick aufs Kleingedruckte.

Wenn man den Beipackzettel liest, weiß man bei den Arzneien heute kaum noch, wofür die eigentlich gut sind. Man weiß nur, was einem alles passieren kann, wenn man sie schluckt. Und trotzdem schluckt man sie. Und man schluckt auch den Rotwein. Obwohl ja auch der Alkohol schädlich sein soll. Oder man raucht, obwohl man auf der Packung liest, dass man daran sterben kann. Aber heiraten? Das tut man einfach so aus dem Stegreif.

Bei der Hochzeit meint jeder haargenau zu wissen, welches Glück da ins Haus steht. Das wird auf dem Standesamt erzählt, das verkündet der Herr Pfarrer, das sagen manche Freunde – und sogar die Schwiegermutter. Aber niemand sagt einem, dass mehr als ein Drittel der Ehen in die Brüche geht. Von Risiken und Nebenwirkungen spricht da keiner. Höchstens so am Rande, wenn es um Freud und Leid geht.

Würde es also ein Ehevertrag als Warnung tun, was die Brautleute stutzig machen sollte? Die Sache mit dem Unterhalt, mit dem Versorgungsausgleich, mit dem Zugewinn. Von der Sorge für die Kinder ganz zu schweigen. Da sollte doch so manchem ein Licht aufgehen, wie das wäre mit dem Teilen, im Ernstfall. Wer dann noch heiratet …

Ein Ehevertrag als Beipackzettel zur Heiratsurkunde also? Nicht gerade als Beipackzettel, aber vielleicht sollte er zu den Heiratspapieren gehören. Wie die Geburtsurkunde. Das wäre doch ein Vorschlag für den Gesetzgeber. Oder würde es nicht auch der Hinweis tun: „Zu Risiken und Nebenwirkungen einer Ehe fragen Sie Ihren Anwalt."

Wenn die Ehe also einen Beipackzettel hätte, könnte es ihr ergehen wie dem Leben: Keiner würde damit anfangen. Und das wäre doch eigentlich schade.

Nest voller Geborgenheit

Der Bau eines Nests ist ein Urtrieb, nicht nur des Menschen, sondern auch vieler Tiere. Vor allem die Vögel sind es, die ohne diese Geborgenheit nicht weiter kämen, nicht weiter leben würden. Das Vogelnest bietet guten Schutz vor allerlei Feinden – vor allem der Eichelhäher und das so sanftmütige Eichhörnchen haben vor dem fremden Nestfrieden keinen Respekt. Und auch der Kuckuck, dem gutgläubige Menschen so allerlei Weisheiten zutrauen – unter anderen, wie man ohne eigene Arbeit zu einem behaglichen Nest kommen kann, indem man sein „Kuckucksei" in ein Fremdes legt. Geborgenheit für den eigenen Nachwuchs auf Kosten anderer – so einfach kann es sich nicht einmal der Mensch machen.

Die Amsel unter dem Dach des alten Bauernhauses war von weitaus friedlicherer Natur. Immer wieder kam sie mit winzigen Ästen und Blättern im Schnabel angeflogen und baute sich so ihre kleine Welt – als Geborgenheit für den Nachwuchs. Nur dass sie vor lauter Eifer nicht beachtet hatte, dass sie diese Welt genau über dem Plätzchen aufbaute, wo der Hausherr seinen Ruheplatz haben wollte – seine Geborgenheit. Und als dann so einiges herabfiel auf seinen Teller und auch so manches aus dem Innenleben der Amsel auf sein Haupt geriet, sah er seine Geborgenheit in Gefahr. Also stocherte er mit dem Besenstil immer wieder in den Neubau über seinem Kopf, bis die Amsel sich endlich geschlagen gab. Hier, so wurde ihr klar, würde sie ihre Geborgenheit nicht finden.

Also zog sie ein paar Meter weiter in die große Tanne, wo ein dichtes Nadelkleid das Nest abschirmte. Den Hausherr aber, der sich jetzt von diesen Dingen „von oben" ungetrübt im Sonnenschein wärmte, befiel ein schlechtes Gewissen: War es wirklich so fair von ihm gewesen, den Vogel aus seiner gesuchten Geborgenheit zu vertreiben, damit seine eigene keinen Schaden nähme? Und da war er endlich beruhigt, als die Amsel nur wenige Meter vor ihm vorbeihopste und die Körner aufpickte, die er ihr zur Versöhnung hingelegt hatte. Und ihm war sogar, als hätte sie zu ihm herübergeschaut. So ein bisschen wie: „Wollen wir nicht wieder gute Freunde sein?"

Wie geht's?

„Nun, Schmidt, wie geht's?", fragte der Herr seinen Fahrer, nachdem er sich in das weiträumige Gefährt hineingezwängt hatte. „Ach, Herr Direktor, mir geht es eigentlich recht gut. Aber meine Frau …" „Keine Einzelheiten, Schmidt, keine Einzelheiten", wehrte der Herr ab. Eine wirklich frei erfundene Geschichte, aber die Szene kommt dem alltäglichen Leben manchmal recht nahe. Keine Einzelheiten, aber was denn sonst?

Viele erwarten auf ihre Frage eine Antwort zum Weghören. „Prima geht's mir, sehr gut geht's mir, ich kann nicht klagen." Oder noch allgemeiner: „Alles in Ordnung!"

Früher wurde bisweilen auch etwas umständlicher gefragt: „Wie geht es Ihrem werten Befinden?", worauf Menschen mit leiser Ironie auch zu der Antwort fanden: „Oh, mein Befinden habe ich heute noch gar nicht gefragt." Im Alltag will man es meistens nicht so genau wissen. Ja, es gibt Zeitgenossen, die ihre Frage bereits vergessen haben, bevor irgendeine Antwort kommt. Denn die Neugier nach dem „werten Befinden" hält sich meistens in schicklichen Grenzen.

Nur wenn man sich wirklich kennt, wartet der Frager auf eine ehrliche Antwort. Und natürlich freut er sich, wenn er eine gute Antwort hört. Denn auch wenn der Mensch nicht immer so „edel, hilfreich und gut" sein mag, wie Goethe das einmal erhofft hatte, so ist er auch nur selten die Kanallie, die andere manchmal in ihm sehen wollen. Und da muss man schon seelisch sehr ramponiert sein, wenn man dem anderen im Stillen wünscht, dass es ihm schlecht geht.

Recht glaubwürdig klingt es, wenn jemand sagt: „Also, mir geht es gut genug." Da gibt es auch kaum noch etwas zu fragen. Wenn aber jemand sagt: „Mir geht es so gut wie noch nie", dann wäre der Frager wohl doch auf Einzelheiten gespannt. Denn vielleicht könnte er aus der Antwort ja etwas für sich lernen.

Korken und Kronen

Es scheint eine ziemlich einfache Sache zu sein, irgendeinen Sieger (oder Siegerin) mit Sekt zu ehren – auch wenn die deutschen Athleten bei Olympia gerade eher selten in den Genuss einer hochprozentigen Dusche kommen. Man sieht jedenfalls strahlende Gesichter, man hört Bravorufe in verschiedenen Sprachen, und dann knallt der Korken, und der Gefeierte steht in einem wahren Duschbad von sprudelndem Sekt, der ihn mit Schaum umhüllt.

Wer zu Hause in stillerem Rahmen ein Ereignis mit Sekt feiern will, hat aber manchmal seine Probleme mit dem Korken. Falls das Sekttrinken nicht zum Alltag des Gastgebers gehört, kann es für ihn ein kleines Kunststück werden, den Sekt aus der Flasche zu erlösen. Erst versucht er, am Korken zu drehen, der aber offenbar die Flasche nicht im Stich lassen möchte. Also macht er sich an dieser Flasche zu schaffen, die ihren Inhalt aber auch nicht kampflos freigeben will. Irgendwann rät ihm einer der Gäste, Korken und Flasche gegeneinander auszuspielen. Und dann – endlich – gibt es den leisen Knall wie den Blattschuss in anderen Gefilden.

Wie einfach ist dagegen der Umgang mit dem Korken in der Weinflasche: Man nimmt den Korkenzieher in die Hand und der findet, einer langjährigen Übung folgend, seinen Weg in die Flasche. Auch hier wieder ein leises „Plop", und dann werden die Gläser gefüllt. Das aber ist eine beinahe tägliche Zeremonie, der kein hausbackener Sieg vorausgehen muss. Aber dieser altvertraute Umgang mit dem Wein, sei er weiß oder rot, ist dabei, seinen bescheidenen Charme zu verlieren. Statt des guten, alten Korkens gibt es jetzt immer mehr Flaschen mit diesem Schraubverschluss, der sich von der Limo oder dem Mineralwasser zum edlen Wein verirrt hat. Früher hielten sich die Herren den guten alten Korken prüfend an die Nase, wie einst eine Dame ihr Riechfläschchen. Ein Drehverschluss, hat er einmal seinen Dienst getan, landet dagegen schlicht und einfach in der gelben Tonne.

Aber es gibt sie noch und wird sie weiter geben, die Korken, die wieder in die Flasche gesteckt werden müssen, solange darin vom Wein noch etwas überlebt hat. Aber wenn es so weit käme, dass eines Tages Kronenkorken auf der Weinflasche landen würden, wäre das so etwas wie Majestätsbeleidigung.

Flirt mit der Amsel

Wie er spürte, konnten die meisten Vögel in seinem Garten nicht viel mit ihm anfangen. Zwar zwitscherten sie alle ihr Lied, aber zu einer persönlichen Begegnung wollt' es nicht kommen. Nur selten merkte er, dass zwei runde Augen prüfend zu ihm herübersahen. Aber zu so etwas wie einem Flirt reichte es einfach nicht. Anders aber diese Amsel. Zwar gab es auch zwischen ihm und ihr keine spontane Liebelei. Aber sie setzte sich auf den Zaunast, und schon war man miteinander im Gespräch auf Augenhöhe. Und nachdem er damit begonnen hatte, ausgesuchte Brotkrumen auf der Terrasse auszubreiten, wuchs ihre Zutraulichkeit von Tag zu Tag. Nur am Anfang war noch eine Prise von Misstrauen in ihr lebendig. Sie hüpfte davon, sobald er den Arm hob, um in dem Buch, das er gerade las, die Seiten umzublättern. Aber auch das schwand von Tag zu Tag dahin. Dann blieb sie einfach auf ihren langen, gelben Beinen stehen und scherte sich einen Dreck darum, was für ein Buch er gerade in den Händen hielt. Und als er die Krumen immer näher zu sich heranstreute, blieb sie bei der Sache und hopste an seine Seite. „Ich lass' mir doch von Dir mein gutes Brot nicht wegnehmen" – das strahlte sie aus. Auch so etwas wie ein Gespräch hatte sich zwischen den beiden ergeben. Zwar konnte er selber nach wie vor nicht so recht zwitschern, aber immerhin erhielt er eine Antwort in der Amselsprache. Er war da erfolgreicher als bei seinen Gesprächsversuchen mit den Schafen und Ziegen auf den Weiden, die immer ratlos vom Grasen aufsahen, wenn er, was eine seiner Schrullen war, sein „Muh" und „Mäh" vernehmen ließ.

Die Amsel war es auch, die sich einmal auf seiner Fensterbank niederließ und ihn durch die Scheibe anguckte. Und beinahe wäre er auf die Idee gekommen, sie zu sich hereinzulassen. Vielleicht wäre sie dann mit ihm unter die Dusche gegangen. So aber konnte er zusehen, wie sie sich etwas Wasser aus dem kleinen Teich holte und dann, nass wie sie war, mit beiden Flügeln flatterte, während sie herausfordernd zu ihm herübersah. Schau' nur her, so machen wir das. Und nun nahm er sich vor, sie das nächste Mal durch das Fenster hereinzubitten – zu einem schönen, frischen Bad.

Och nischt los

Die beiden Männer sitzen im Lokal am Tisch bei einem Glas Bier. „Mir is so langweilig", sagt der eine. „Ick weiß gar nicht mehr, was ick so mache soll." „Mensch, jeh in dir", sagt der Freund. „War ick schon, och nischt los", lautet die Antwort. Dieser bekannte Berliner Witz macht deutlich, wie manchmal die Zeit vergeht: mit nischt.

Ob es im Innenleben des älteren Mannes im Regionalzug ähnlich ausgesehen hat, konnte man nicht erkennen. Jedenfalls saß er, ein steinerner Fahrgast, regungslos auf seinem Sitz, die Augen offen und geradeaus gerichtet. Er war umgeben von Jungen und Mädchen, die offenbar die Schule für heute hinter sich hatten. Munteres Geschnatter war aber nicht zu vernehmen. Die jungen Leute blickten regungslos auf die Geräte in ihren Händen. Irgendwelche Botschaften galt es zu finden. Und dann kamen auch ihre Finger in Bewegung: Sie tippten eine Antwort und setzten das stumme Gespräch fort.

Von all dem nahm der steinerne Fahrgast keine Notiz, er blickte einfach nur vor sich hin. Nur selten drehte er seinen Kopf zum Fenster hin, um den Zugang zur Welt nicht ganz zu verlieren. Dachte er gerade über das Weltgeschehen nach, über die Flüchtlinge und die Steueroasen, über seine Enkelkinder oder über ein Geburtstagsgeschenk für seine Frau? Oder erlaubte er sich nur, einfach gar nichts zu denken, weil er nicht wusste, worüber? War ganz einfach „nischt los" in ihm, auch wenn er versuchte, in sich zu gehen? Die anderen, die da auf den Geräten herumtippten, schienen immerhin beschäftigt zu sein. Was sie sich wohl über die Tasten zu sagen hatten? Vielleicht alles, was los war in ihnen. Und wenn sie sich das Geständnis machten, dass derzeit gerade nichts los war? Dann würde ihnen vielleicht ein guter Freund den Ratschlag geben, sie sollten noch einmal in Ruhe nachsehen, was da alles auf ihrem Handy steht. Und falls sie dann zurück mailen: „Hab' ich schon, och nischt los"? Dann wäre auch der beste Computer ratlos.

Vom Bellen und Kläffen

„Freu 'mal", sagte das kleine Mädchen und fasste den Hund am Schwanz. Der wackelte auch folgsam mit seinem beweglichen Körperteil. Und dann blickten sich das Mädchen und der mittelgroße Hund liebevoll in die Augen. Die Kleine hatte nicht zum ersten Mal beobachtet, dass ein Hund mit seinem Schwanz wackelt, wenn er sich halt über irgendetwas freut. Und das sollte sich bei diesem Hund wieder einmal bestätigen.

Als der sehr erwachsene Mann die gemütliche Weinstube betrat, gab es auch einen Hund. Er lag unter einem Tisch in der Ecke. Und dieser Hund stand von seinem Platz auf, sah dem Mann in die Augen, bellte fröhlich – und wackelte mit seinem Schwanz. Damit war die Freude beidseitig: Mann und Hund freuten sich über ihr Zusammentreffen. Dann kann ich ja kein so schlechter Mensch sein, dachte der Mann. Als dann wenig später die Tür wieder aufging, kam eine recht erwachsene Frau herein und ging mit kräftigen Schritten zu einem Tisch in der anderen Ecke des Raumes. Wieder kam der Hund unter dem Tisch hervor. Er bellte noch einmal, diesmal aber nicht begrüßend, nicht mit fröhlichem Unterton, sondern kläffend. Die Frau war sich keiner Schuld bewusst und ging hinüber zu ihrem Platz.

Jetzt sah der Mann nachdenklich in sein Weinglas. An der Frau war für ihn nichts Bellenswertes zu entdecken. Niemals wäre er als Hund auf die Idee gekommen, bei ihrem Auftauchen zu bellen. „Na ja," sagte die Bedienung, „sie ist halt eine Frau, und Sie sind ein Mann. Und der Vierbeiner da ist eine Hündin." Das erklärte für sie alles, der Mann aber kam ins Grübeln. Wieder einmal der kleine Unterschied, dachte er, diesmal zwischen Hunden und Menschen.

Wie einfach machen es sich die Tiere also im Umgang mit den Menschen. Gefühle auf den ersten Blick: Mögen sie den, der da bei ihnen auftaucht, bellen sie freundlich und wackeln mit dem Schwanz. Mögen sie ihn nicht, wird halt knurrig gebellt. Jedenfalls weiß er oder sie, wie willkommen man ist – bei den Tieren. Und unter Menschen? Bei uns würden Frauen sich hüten, einander so schnell anzubellen. Sie nehmen sich Zeit, bis sie glauben, einen Grund dafür zu haben.

Als der Mann nach dem zweiten Glas Rotwein und einigem Nachdenken nach Hause ging, blieb die Hündin still unter dem Tisch liegen. Also gibt es auch bei den Frauen so etwas wie Freude für den Augenblick.

Vielleicht sollte man es irgendwie mit dem Kind halten, das weiß, wie man in einem Lebewesen schnell die Freude weckt – wenn auch nur für kurze Zeit.

* * *

Nachruf auf die Krawatte

Es war wie ein Akt der Befreiung: Als der Mann in den Zug einstieg und sich im Abteil neben seine Kollegen setzte, machte er so etwas wie einen Striptease: Erst zog er seinen Mantel aus, dann die Jacke und nun war die Krawatte dran. Der buntgemusterte Stoffstreifen am Hals wurde zunächst gelockert, dann in einer Ledertasche zwischengelagert, und nun genoss auch der Hals seine feierabendliche Freiheit. Jetzt blickte der Mann befreit in die Gegend und zwinkerte seinen Kollegen zu.

Die Krawatte, auch als Schlips bekannt, war einmal das Erkennungszeichen des ordentlichen Büromenschen. Vor allem im Alltag des Bankgeschäfts gehörte sie zu dem, was auf Neuhochdeutsch „Outfit" heißt. Sie lockerte den dunklen Anzug ein wenig auf, zeigte einen erlaubten Seitensprung der Seriosität und ließ ihren Träger in etwas legerem Licht erscheinen: Du kannst mir vertrauen, dass ich die Geschäfte ernst nehme, aber ein bisschen Farbe gehört halt zum Alltag.

Zwar gibt es auch heute noch, und das nicht nur im Bankwesen, die normierte Eleganz. Aber vor allem die Krawatte ist es, die, wenn überhaupt, ihr Dasein im Schrank fristet. Viele Politiker haben sich zur Freiheit für ihren Hals entschieden. Nicht nur die griechischen Minister wären mit Krawatte kaum wiederzuerkennen. In den alltäglichen Gesprächsrunden im Fernsehen erscheinen viele Teilnehmer längst „krawattenfrei". Und auch im gehobenen Management ist der Farbstreifen auf der Vorderfront heute nicht mehr unverzichtbar.

Sicher gibt es den geborenen Gentleman, den der wundersame Verlust dieses Markenzeichens als ein weiterer Schritt in eine modische Verwilderung erscheint: „Wir lassen uns das gute, alte Gütesiegel nicht nehmen, es gehört doch zum guten Ton". Aber dieser Ton ist längst am Verklingen. Aber auch wenn die Krawatte weithin gestorben ist, kann sie dennoch auf ihre Wiedergeburt hoffen. Denn gerade die Mode lebt seit eh und je davon. Und dann könnte sie, wie bei dem Mann im Zug, wieder ihre alte Zwischenlösung spielen: Tagsüber dient sie, und nach Feierabend hat sie ausgedient.

Willkommene „Falschmeldung"

Das Wort von der „Lügenpresse", das in der rechten Szene herumgeistert, ist wahrlich eine bösartige Unterstellung. Die Medien erfüllen – das ist in der vernünftigen Beurteilung der Leser, Hörer und Betrachter ziemlich unumstritten – ihren Auftrag mit der gebotenen Gewissenhaftigkeit. Selbst die Voraussagen des Wetterberichts sind inzwischen, der sich ständig verfeinernden Meteorologie sei es gedankt, recht zuverlässig geworden: Ob Regen, Wolken oder Sonnenschein, man ahnt zumindest, was man anziehen sollte, wenn man das Haus verlässt.

Aber halt: Auch Meteorologen können irren, wenn auch immer seltener. Und ein jeder wird sich über einen Irrtum freuen, wenn der Bericht, der Regen ansagt, falsch ist und stattdessen die Sonne scheint. Und jeder wird dann eine „negative Falschmeldung" verzeihen.

Kürzlich zeigte der Wetterbericht auf der Titelseite für den beginnenden Tag dicke dunkle Wolken und dann Regen, der unvermeidbar damit verbunden ist. Aber am frühen Morgen wurde ein faustdicker Irrtum offenbar: Wer aus dem Fenster schaute, sah einen wolkenfreien Himmel, der die Welt verzauberte. Diese „Falschmeldung" sei mit Freude verziehen, dachte man bei sich. Doch in der nächsten Stunde wurde der Himmel immer düsterer, es war, als würde da jemand eine graue Decke am Himmelszelt festmachen. Aus war es mit der Morgenröte, dem Zauberglanz über den nahen Bergen – zurück blieb ein verregneter Januartag, der auch in jeden November hineingepasst hätte.

Ein kurzer Irrtum des Wetterdienstes also, eine „Falschmeldung". „Gelogen" wurde sicherlich nicht. Aber wie schön wäre es gewesen, wenn sich die Sonne nicht um die Vorausmeldung gekümmert hätte – der Wetterbericht kann mich mal! Ich gehe meinen eigenen Weg.

Das Geld des kleinen Mannes

Wer den Pfennig nicht ehrt, ist den Taler nicht wert: Diese leicht ergrauten Worte für das bare Geld zeigen deutlich, dass hier nicht von der Währung des Euro die Rede ist, der ja nun schon seit einer Reihe von Jahren gilt. Nun geht es aber schon wieder einmal an das Geld des kleinen Mannes: Die Münzen sollen abgeschafft werden, die Ein- und Zwei-Cent-Kupferstücke, die den guten alten Pfennig abgelöst haben. In Zukunft also nur noch runde Beträge, und wer dann den Pfennig noch ehrt, ist den Euro nicht mehr wert, so das neu zu backende Sprichwort. Dabei haben wir uns alle längst an die so altmodisch aussehenden Münzstücke gewöhnt, die uns in die Hände gegeben werden. Im Lebensmittelladen sowieso, aber längst auch in der Buchhandlung und in der Apotheke: 9,99 Euro für ein gutes, altes Arzneimittel, 14,99 Euro für ein lesenswertes Buch, 8,99 Euro im Kaufhaus. Die Währungshüter werden denken: Was kümmert den kleinen Mann das kleine Geld, wenn es allen doch so gut geht? Schon heute werden Kunden beobachtet, die die Münzen auf dem Tisch zurückschieben: „In meiner unendlichen Güte", sagen manche dabei schmunzelnd. Offenbar nehmen einige Märkte ihn sogar beim Wort. „Bitte aufrunden!", steht da an der Kasse zu lesen. Auch Kleingeld gehört aber zum Leben. Ein anschauliches Beispiel für die große Bedeutung der kleinen Zahl bietet das Benzin: Es hat zwar Tag für Tag einen anderen Preis, aber vertrauen können wir jahraus, jahrein auf eine stabile Ziffer: 0,9 Cent, so steht es in der rechten, oberen Ecke hinter der großen Zahl, und darauf können wir uns verlassen.

Aber auch eine andere pekuniäre Revolution könnte vor der Tür stehen: Das Bargeld soll abgeschafft werden, jedenfalls in der Höhe ab 5 000 Euro. Ab dann müsste wohl die Kreditkarte herhalten oder vielleicht auch ein Scheck. Also: Bei Rechnungen ab 5 000 Euro müsste der Käufer irgendein Papier zur Hand nehmen: Falls es ihm nicht gelingen würde, den Preis auf 4999,009 herunterzuhandeln.

Liebe, Mond und Sterne

„Wenn ich liebe, seh' ich Sterne. Ist's getan, seh' ich den Mond. Ach, es war nur die Laterne, trotzdem hat es sich gelohnt." Diese schöne Liebeslyrik, von Frauenhand geschrieben, zeigt in wenigen Zeilen, wie kurz der Weg vom Himmel zurück auf die Erde sein kann – wenn man sich an der Liebe festhält. Eigentlich zieht die Liebe ja nur himmelwärts hinauf. Aber sie kann, wie man sieht, auch einmal sanft hinunter auf die Erde gleiten und dennoch schön sein.

Die beiden saßen verträumt in ihrem gläsernen Wintergarten und blickten hinaus in die Abendstimmung. Nein, zur Liebe war es bislang nicht gekommen, aber die Sterne hielten sie dennoch fest in ihrem Blick. Dann aber tauchten Wolken auf und verhüllten die Sterne vor ihren Augen. Nur der Mond blickte weiter hinter den Wolken hervor, ziemlich rund und mit einem freundlichen Gesicht. Und dann hüllte sich auch der Mond in ein nüchternes Wolkenkleid, aber jetzt tauchte ein anderer Lichtschein auf – hell und klar in seiner Form. Es war wirklich die Laterne, die die beiden sonst immer gestört hatte, wenn sie mit ihrem Licht Mond und Sterne geschluckt hatte.

Jetzt legte er verliebt den Arm um ihre Schulter, und dann versuchten die beiden, das schöne Gedicht einmal im Rückwärtsgang zu erleben, bevor sie alle Romantik aufgaben.

Und sie dachten bei sich: Sicher ist uns die Laterne – und bisweilen auch der Mond. Und auch wenn's nichts wird mit den Sternen, trotzdem hat es sich gelohnt.

Die Welt im Weichzeichner

Nein, erfunden hat er sie sicher nicht, die Sonnenbrille. Aber zu einer Art von Kulturobjekt hat er sie längst gemacht, der Mann mit dem noch immer lockigen Haar in strahlendem Weiß. Karl Lagerfeld ist es, von dem man meinen könnte, er sei mit einer Sonnenbrille auf die Welt gekommen. Ganz sicher ist er das nicht, aber heute sind Mensch und Brille in ihm untrennbar miteinander verbunden.

In diesen Sommertagen sind die Doppelgänger Lagerfelds allgegenwärtig: Sie sitzen in Biergärten und Straßencafés, auf Parkbänken und in der U-Bahn, und schauen hinter dunklen Gläsern in die Welt, einerlei, ob aus dem Schatten oder dem hellen Sonnenlicht. Sonnenbrillen sind nützliche Objekte, so in etwa würde es ein Werbetexter sagen. Sie schonen die Augen, schützen vor Falten und beruhigen den Blick. Aber manchmal werden diese Brillen auch als eine Art Maske gebraucht. Wer sie trägt, macht sich unsichtbar. Er hat die Umwelt fest im Blick, aber wer ihm in die Augen blicken möchte, prallt ab an einer Glasfront. Im Gespräch sucht man vergebens nach dem Echo des eigenen Blicks. Denn die Sprache seiner Augen behält der Mensch hinter der Sonnenbrille für sich, wie ein harmloser Spion, der den andern gern in die Seele guckt.

Natürlich gibt es formvollendet schöne Brillen, die nicht nur Frauen edel schmücken. Ganz sicher wäre Audrey Hepburn auch ohne ihre tellergroße Sonnenbrille zum Weltstar geworden. Und Karl Lagerfeld? Seine epochalen Modeschöpfungen haben mit seiner Sonnenbrille nichts zu tun. Aber vielleicht taucht sie diese Welt auch für ihn ganz einfach in ein wärmeres Licht, will er die Realität so genau gar nicht sehen. Gönnen wir ihm und allen anderen Brillenträgern ein getöntes, ein sanfteres Licht – so etwas wie einen Weichzeichner.

Wie man Musik erlebt

„Ohne Musik wäre das Leben ein Irrtum", hat ein bekannter Philosoph einmal gesagt. Und wirklich belebt Musik das Leben auf verschiedene Weise. Wer die Musik an sich heranlässt, den bewegt sie – und dann spiegelt sich die Musik auch in seinen Bewegungen: Der Kopf, die Arme und Beine, alles ist bei der Sache. Und auch im Mienenspiel lassen sich die Gefühle ablesen. Man betrachte nur einmal irgendwelche Open-Air-Veranstaltungen.

Nur bei der klassischen Musik, im Konzertsaal, gilt das als ungehörig: Wer da die Wirkung der Musik zeigt, gilt als ungehobelter Zappelphilipp – als Kulturbanause in dieser in sich versunkenen Gesellschaft. Musik genießen, das darf man hier, und deshalb ist man ja auch gekommen. Aber zeigen, wie man die Musik genießt – das tut man nicht. Das dürfen nur der Dirigent und die Orchestermusiker Sie erleben, das kann man sehen, die Musik, die sie spielen – für die anderen.

Und dann die Kinder – sie sind meist sehr gefühlsoffen. Wenn eine Musik „ihre Sache ist", machen sie die Melodie, die Töne und den Takt sichtbar: mit ihrem Körper und mit ihrem Gesicht. In einem Pavillon spielte ein Geiger, der offenbar schon bessere Zeiten gesehen hatte, verschiedene temperamentvolle Musikstücke, mit vollem Einsatz seines Körpers. Die Erwachsenen sahen im Vorbeigehen zu ihm hinüber, nur die Töne prallten an ihnen ab. Aber die vier kleinen Kinder, zufällige Zuhörer, gerieten schnell in Bewegung: Wie elektrisiert strahlten sie mit ihrem Gesicht, tanzten im richtigen Takt, sie waren „voll dabei" – mit Leib und Seele.

Wie sie sich wohl verhalten würden, wenn sie diese Musik in einem Konzertsaal erlebt hätten. Hätten sie die bewegungslose Ruhe des Publikums verändert – auch hier die Musik sichtbar gemacht? Wohl kaum. Die Ruhe hätte sie wohl angesteckt. Also wie – Musik regungslos genießen oder temperamentvoll miterleben? „Kindlich" können die Erwachsenen diese Musik nicht erleben, also mit einem ausgelebten Gefühl. Aber zu sehr erwachsen müssen sie auch nicht sein. Sie müssen ihre Gefühle nicht gänzlich einzäunen.

Ein kritischer Vergleich

Die beiden Männer und das junge Kind saßen zusammen in einem kleinen Café. Das Mädchen war zehn Jahre alt, die Herren 40 und 70. Gute drei Generationen nebeneinander, wenn man so will. Das Kind war ein paar Tage bei den Großeltern gewesen und ließ seiner Freude über das Wiedersehen mit dem Vater freien Lauf. Mit einer Eistüte in der Hand legte es ihm den Arm um den Hals, flüsterte irgendwelche geheimen Botschaften in das Ohr, und kletterte auf seinen Schoß. Der Vater genoss die Aufmerksamkeit. Er war hier der King, das spürte er deutlich. Und der ältere Herr hatte, auch das spürte er, keine Chance, bei dem Kind ähnliches Interesse zu wecken. Er saß einfach nur dabei, fing gelegentlich einen kurzen Blick auf und dachte bei sich, ob er seine Chancen vielleicht steigern könnte, wenn er auch mit einer Portion Eis aufwarten würde – vielleicht sogar mit einer noch größeren. Seine Rechnung ging auf: Das Mädchen nahm das Eis in die Hand, setzte sich neben ihn auf den Stuhl und strahlte ihn über diese Waffeltüte an. Dabei fiel ihm auf, dass der Mann, der ihr Großvater hätte sein können, noch reichlich Haare auf dem Kopf hatte. Sie streckte die Hand aus und zauste in den weißen Haaren. Dann warf es einen kritischen Blick über den Tisch zum Vater. „He, der hat aber viel mehr Haare auf dem Kopf als Du!" Dem Vater, der seine allmählich schwindende Haarpracht aus gutem Grund immer möglichst kurz hielt, gefiel dieser Vergleich ganz und gar nicht. Etwas wie Eifersucht stellte sich bei ihm ein, und er geriet ins Nachdenken: Das Kind hatte zwar Recht, aber es bestätigte sich die alte Erfahrung, dass es einem Mann ganz und gar nicht schmeckt, wenn er bei einem Vergleich mit seinesgleichen den Kürzeren zieht.

Nein, Eifersucht war es dann doch nicht, was in ihm da aufkam. Aber er spürte, dass man bei einer Frau, so jung sie auch sein mag, vor einem kritischen Vergleich mit einem Artgenossen nicht geschützt war. Und richtig beruhigt war er erst, als das Kind wieder auf seinen Schoß zurückkam und ihm wohlwollend über seine Stoppelhaare strich.

Das Licht im Wirtshaus ist aus

Es gibt sie noch immer, die Blumenkästen. Aber an den Sprossenfenstern sagt eine gelbe Tafel, dass das Lokal geschlossen ist. Endgültig, wie man weiß. Die Wirtsleute haben in den rund 40 Jahren dieses urige Gasthaus zu einem Treffpunkt des Lebens an den Tischen, vor allem am runden Stammtisch, gemacht, und bestimmt nicht leichten Herzens dieses Schild angebracht.

Leer war der Tisch mit seiner hellen Holzplatte auch in der Dämmerstunde nie, eine Handvoll Gäste gab es immer, die sich hier über ihren Alltag aussprachen – früher über das Geschehen am Arbeitsplatz, später dann über all das, was einem Rentner so passiert. Und natürlich auch über die Arbeit der von ihnen bezahlten Politiker, mit der man nur selten wirklich zufrieden war. Auch der Sport spielte eine Rolle, über den man sich aber nur noch im Sitzen aussprechen konnte, über das Bier- oder Weinglas hinweg.

Im Lauf der Zeit hatten die Stammgäste ihre Rolle am Stammtisch gefunden. Der eine steckte die Runde mit seinem lautstarken Lachen an, falls den anderen entgangen war, dass gerade wieder eine Pointe gefallen war. Andere breiteten am Tisch den Gesprächsstoff aus, der dann immer eine angemessene Zeit vorhielt. Und natürlich gab es auch den einen oder anderen Wortführer, der den Ton angab – jedenfalls für die nächsten zehn Minuten. Und der Wirtin war längst so etwas wie eine Schweigerolle zugefallen. Gern saß sie an dem kleinen Tisch an der Wand, wo sie so etwas wie eine stille Zeugenrolle des Wirtschafts-Lebens übernommen hatte.

Natürlich gab es auch andere Gäste, die hier in geselliger Runde Wurstsalat verspeisten und ihre Ansichten über das Leben austauschten. Und manchmal lag auch ein Hund unter dem Tisch und machte sich seine Gedanken darüber, wie er zu einem Stück Wurst kommen könnte – denn schließlich war er auch so etwas wie ein Gast.

Nun aber ist das Licht aus, und die alte Holztür bleibt geschlossen. Der Stammtisch wird sich eine neue Heimat für ein paar Stunden suchen müssen. Aber das verschindelte Haus sieht noch immer einladend aus – altersjung. Und die Blumen in den Kästen werden alles überleben.

Das Lächeln der Justiz

Müsse muss mer könne derfe

Warum Justitia, die Göttin des Rechts, ihre vielfältig gestaltete Augenbinde trägt, ist bis heute nicht rechtskräftig herausgefunden worden. Wahrscheinlich soll sie so davor geschützt werden, sich in eine der vor ihr stehenden Parteien zu „verglotzen", wie es auf Hessisch so knackig heißt: Also irgendwie Partei zu ergreifen und das Recht einmal hintan zu stellen. Ja, wenn es so einfach wäre.

Empathie, also Einfühlungsvermögen oder Mitgefühl, diese Tugenden sind auch einem Richter nicht wesensfremd. Jedenfalls in der mündlichen Verhandlung stehen ihm ja Parteien vor Augen, die ihm durch ihr Auftreten nicht nur intellektuelle, sondern auch „sinnliche" Eindrücke übermitteln. Natürlich ist die Rechtsfindung keine reine Gefühlssache, sie ist so etwas wie diszipliniertes Turnen am Hochseil der juristischen Dogmatik. Aber in einigen Randgebieten, bei der Beurteilung einiger Fälle, kann auch der Richter Empathie nicht gänzlich ausschließen. Wo ist aber die Grenzlinie zu ziehen?

Als ein Bespiel könnte der auf den ersten Blick so banale Fall dienen, der in einem Regionalzug der Bundesbahn spielt, auf der Toilette – genauer gesagt, gerade da nicht, wo er eigentlich hingehören würde. Eine Frau wollte ihre prallgefüllte Blase auf dem Ort leeren, der eigentlich dafür gedacht ist – aber die Toilette war wegen Wassermangels unbenutzbar, der Schaffner bedauerte dies mit einem gehobenen Achselzucken. Aber es gab für sie einen Ausweg: Sie könne an der nächsten Station aussteigen, die Bahnhofstoilette benutzen und dann mit dem nächsten Zug weiterfahren. Damit wäre dieses Problem gelöst. Leider war der Rat nutzlos für die Frau mit ihrem Problem – sie ließ den Dingen ihren Lauf und verbrachte den Rest der Reise im Nassen.

Nun begehrte sie Schadensersatz und Schmerzensgeld: Insgesamt 500 Euro. Beim *AG Trier* stieß sie auf offene Ohren, und die Richter hielten immerhin ein Schmerzensgeld von 200 Euro für angemessen. Wegen eines Organisationverschuldens der Bahn, weil es im Zug keine funktionierende Toilette gab. Wenigstens einen Hinweis auf diesen Mangel hätte die Bahn geben müssen. Und es sei für die Frau auch nicht zumutbar gewesen, unterwegs auszusteigen und einen nächsten Zug zu nehmen, zumal es auf dieser Strecke bekanntermaßen kaum Bahnhöfe mit intakter Toilette gebe. Und so war es nicht die Schuld der Frau, wenn bei ihr – wie sie vortrug – „alles buchstäblich in die Hose ging, und darüber hinaus". Also bekam sie beim Amtsgericht Recht.

Anders sah das Landgericht in Trier die Dinge, deren Richter in einer immerhin 14 Seiten langen Erklärung, die sich dogmatisch verkopft und wie der Entwurf einer studentischen Examensarbeit liest, die Klage abwiesen. Nein, ganz empathiefrei sind auch diese Richter nicht. Immerhin erkennen sie an, die Frau habe in erster Instanz ihre „Scham und psychische Belastung" nachvollziehbar beschrieben. Sie habe diesen Verlauf, seine Entwicklung, „aber selbstbestimmt entscheidend beeinflusst". Auf gut Deutsch – sie hätte auf die Toilette gehen sollen, bevor der Zug abfuhr. Also ist sie an dem weiteren Verlauf der Dinge selbst schuld. Müsse muss mer könne derfe, so könnte ein mundartiger Leitsatz dieser Entscheidung lauten.

In einem ähnlichen Fall hat das *AG Frankfurt a. M.* einem Mann Recht gegeben, der während einiger Stunden in einem überfüllten ICE keine Toilette fand – wegen Wassermangels. Zwar konnte er die zwei Stunden mit seinem „dringenden Bedürfnis durchhalten", ohne dass etwas „in die Hose ging". Aber dieser Richter oder diese Richterin war der Meinung, dass die Bahn „tatbestandsmäßig, rechtswidrig und schuldhaft" die Gesundheit des Mannes während zweier Stunden verletzt hatte und ihm 300 Euro Schmerzensgeld zugesprochen.

Vielleicht war es ja Justitia, also eine Frau, die bei beiden Amtsgerichten Mitgefühl hatte walten lassen. Und wenn männliche Richter beim *LG Trier* zu Hause ihre Frau gefragt hätten, wäre das Urteil vielleicht zu Gunsten der Klägerin ausgefallen – aus Empathie, im Namen von Treu und Glauben.

Ein märchenhafter Kuss

Auch Märchen können altern und bedürfen dann der zeitgemäßen Überarbeitung. Allerdings enden Märchen dann nicht immer märchenhaft. So ist es auch mit dem Märchen vom Froschkönig. Heute würde kein Erzähler es wagen, einer Frau nachzusagen, sie hätte ein Lebewesen an die Wand geworfen, und sei es auch ein Frosch, der für sie einen goldenen Ball aus einem Brunnen geborgen hatte. Und dass eine solche versuchte Tötung einen Frosch zu einem Königssohn macht, stimmt mit unserem Tierschutzgesetz nicht mehr überein. Heute würde eher der Kuss einer Frau den Frosch zum Edelmann machen – mit allen möglichen Folgen einer solchen Liebestat in unseren Tagen.

Also: Es waren einmal zwei Königskinder, die schon eine märchenhaft lange Zeit zusammenlebten, die Prinzessin und der Königssohn, den sie dereinst aus dem Frosch herausgeküsst hatte. Ihre Ehe war von Anfang an das reine Glück gewesen, aber jeder Anfang hat einmal ein Ende, auch im Märchenreich. Ihre Zweisamkeit war so ziemlich aufgebraucht und ihre Unterhaltung, die früher wie Sekt im Glas gesprudelt hatte, war farbloser geworden. „Das hast du mir doch schon ein paarmal gesagt", war ein immer öfter zu hörender Satz.

„Ich glaube, wir sollten uns scheiden lassen", sagte sie eines Abends gänzlich unvermittelt, als alle Tafellichter erloschen waren. „Nichts ist ewig, auch eine Ehe nicht – nicht einmal im Märchenland." „Aber eine Scheidung – im Märchenland?", fragte der Königssohn. „Ist das denn überhaupt möglich, rein rechtlich betrachtet?" „Ja, das wäre hier wirklich etwas Neues", sagte sie. „Aber das Recht lebt doch, wie man hört von ... von naja, von seiner Fortbildung." „Und wie denkst du dir das? Wie soll das weitergehen, mit mir?" „Ach", sagte die Prinzessin, „das können wir uns doch abgucken von dem Recht, das in der Welt neben den Märchen gilt. Da ist es doch, wie man hört, meist die Frau, die an der Scheidung verdient! Also bei uns hier sind es immer die Frauen, die edel, hilfreich und gut sind."

„Und mit wieviel könnte ich denn rechnen?", fragte der Königssohn und bewegte Daumen und Zeigefinger. „Du würdest eine gute Abfindung kriegen und so etwas wie Unterhalt." „Etwas genauer," wollte er wissen. „Sprich' doch einmal deutlich: Nenne mir Zahlen!" „Aber du kennst mich doch nun wirklich eine kleine Ewigkeit lang. Hab doch Vertrauen zu mir", sagte die Prinzessin. „Jedenfalls bei einer Scheidung ist's vorbei mit dem Vertrauen – das war einmal", sagte er. „Du wirst jedenfalls so viel bekommen, dass du fürstlich weiterleben kannst", versuchte sie ihn zu beruhigen. „Vielleicht sogar königlich. Und denk' daran: Du bist als echter Habenichts hier angekommen. Und jetzt hast du ein wahres Königreich, und du hast nichts dafür getan!"

Und dann fiel ihr wieder der Kuss ein. Wirklich einmalig war er gewesen, im strengen Sinn des Wortes. Sie hatten sich die vielen Jahre wirklich sehr lieb gehabt. Und deshalb war von dem Kuss mit seiner magischen Wirkung doch eine märchenhafte Erinnerung in ihr wach geblieben. Aber jetzt, dieser Gedanke kam ihr, könnte man es doch noch einmal versuchen. Vielleicht könnte er ja auch bei der Trennung eine Rolle spielen. „Also, was meinst du: zum Abschied einen Trennungskuss?" „Warum nicht", sagte er. „Vielleicht wird unser Rechtsstreit dann etwas wärmer."

Und dann nahm die Prinzessin den Königsohn fast liebevoll in die Arme und drückte ihre wunderschönen, roten Lippen auf seinen hinter dem Bart verborgenen Mund. Und jetzt geschah wieder ein Wunder: Der stattliche Mann verwandelte sich in einen unansehnlichen Frosch und hüpfte quakend davon. Und die Prinzessin? Sie machte keinerlei Anstalten, ihn bei seinem Sprung ins Wasser aufzuhalten. Im Stillen habe ich das ja erhofft, sagte sie zu sich selbst. Und dann fragte sie sich, warum denn die Menschen so viel Aufhebens vom Scheidungsrecht machen – wenn doch eine Trennung so einfach ist. Da aber Frauen bekanntlich edel, hilfreich und gut sind, warf sie immer, wenn sie an diesem Teich vorbeikam, mit vollen Händen Froschfutter in das Wasser.

Justiz mit Herz – oder ohne

Die Justiz ist herzlos, so lautet ein Vor-Urteil, das vor allem Laien oftmals fällen. In dieser schlichten Allgemeinheit ist es oft auch ein Fehl-Urteil, gegen das allerdings kein Kraut eines Rechtsmittels gewachsen ist. Nicht nur die vielen Frei- und Ermessensspielräume, die das Gesetz den Richtern gewährt, erlauben ihnen bisweilen auch auf den Herzschlag zu hören, wenn die schwer definierbaren Begriffe wie Treu und Glauben und die guten Sitten mitspielen. Viele Paragrafen sind mit einem Ermessensspielraum umgeben, wie der Mond mit einem Hof. Justiz ohne Herz: Dieses Urteil ist in seiner Allgemeinheit jedenfalls herzlos.

Leider gibt es aber immer wieder Urteile, die nicht nur für die „Richter" am Stammtisch im Wirtshaus als klare Belege für die Herzlosigkeit der Justiz sprechen könnten.

Gisela Friedrichsen hat im Spiegel eine Entscheidung des *AG Saarbrücken* aufgespießt, die sich für so manchen Wirtshausstammtisch als Gesprächsstoff anbietet. Eine Frau hatte in einem Kaufladen eine Handvoll Naschereien ausgesucht, sie aber nicht bezahlt. Irgendwie wurde sie erwischt, bevor sie das Geschäft verließ. Es gab eine Anklage der Staatsanwaltschaft und einen Strafbefehl: 90 Tagessätze zu je 12 Euro, am Ende über 1000 Euro. Ein wirklich stolzer Preis für eine Handvoll Kleinigkeiten. Was aber ist hier „herzlos" an der Justiz, an diesem Staatsanwalt, an dieser Richterin?

Die als Diebin erwischte Frau war stolze 98 Jahre alt, und niemand kann beurteilen, wie sie die Schwere ihrer Untat empfand. Eine solche Urahnin in das Gitternetz der Justiz zu pressen, zeugt von einem Mangel an Mitempfinden, der wieder unsere Stammtischleute in ihrem Urteil bestätigt: Die Justiz ist herzlos, wir haben das doch schon lange gewusst. Zwar hatte die Richterin zuvor zaghaft angeregt, das Verfahren einzustellen. Der Staatsanwalt hatte dies aber abgelehnt, wegen des „besonderen öffentlichen Interesses an einer Strafverfolgung". Also aufgepasst: Die Öffentlichkeit hat ein besonderes Interesse daran, was sich 98-Jährige für einen früher einmal so genannten Mundraub als Strafe einhandeln.

„Justiz mit Herz" lautete die Überschrift einer Glosse der ZRP. Was war geschehen? Ein Mann gesetzteren Alters hatte sich aus Versehen in das falsche Zugabteil gesetzt. Es kam zu einem Ermittlungsverfahren wegen Betrug, das einen Staatsanwalt beschäftigte. Dieser stellte das Verfahren ein, verbunden mit einer Rechtsbelehrung an den so eifrigen Beamten. § STGB § 263 StGB setzt ein vorsätzliches (!) Handeln voraus. Einem „einerseits unbescholtenen und andererseits honorigen 77-jährigen Beschuldigten" könne aber geglaubt werden, dass er sich „versehentlich (!) in die falsche Wagenklasse hingesetzt habe und nicht (von Anfang) an vorhatte, den höheren Fahrpreis zu schnorren". Also: Kein vorsätzliches Handeln, keine Bereicherungsabsicht, kein strafbares Handeln. Paragrafen lesen reicht nicht, man muss sie auch verstehen. Und so hat hier ein Staatsanwalt gezeigt, dass die Justiz die Paragrafen nicht immer herzlos liest.

Mit oder ohne Herz: Diese Frage stellt sich aber auch in den Vorzimmern der Justiz. Und eine Antwort auf diese Frage hat ein Zugschaffner gegeben, der einen Jugendlichen um die fünfzehn Jahre nach seiner Fahrkarte fragte. Der hatte zwar eine Karte, saß aber, wie der Mann in der anderen Geschichte, in der falschen Klasse. Der Schaffner nahm erst die Karte, dann den Jungen in den Blick. „Du sitzt hier in der ersten Klasse", sagte er, „du gehörst aber in die 2.!" „Also, dann geh' ich halt rüber", sagte der Junge. „Na, diesmal bleibst hocke," sagte der Schaffner „aber des machste net nochmal!"

Und so endete dieser „Betrugsversuch" mit so etwas wie einem verbalen Händedruck. Allerdings hat die eher raunzige Rüge des Schaffners das Rechtsleben um ein Ermittlungsverfahren und um die wichtige Erkenntnis gebracht, ob ein so junger Mann ein so schwergewichtiges Vergehen wirklich ungesühnt begehen darf – vor allem wegen des erheblichen öffentlichen Interesses, das doch klar auf der Hand liegt.

Selbsternannter Zeuge

„Jedermann, der ein Anliegen an das hohe Gericht hat, möge zum Zwecke der Rechtsprechung vortreten und dem hohen Gericht seine Achtung erweisen."

Nein, das ist offensichtlich keine Szene aus einem deutschen Gerichtssaal. Es ist der Auftakt einer Verhandlung in einem ehrwürdigen Saal eines englischen Gerichts, in dem der unvergessene Film „Zeugin der Anklage" von *Billy Wilder* seinen Gang nimmt. Natürlich sind es nicht nur die Zeugen der Anklage, die hier zu Wort kommen. Es sind die Menschen, die etwas zur Wahrheitsfindung beizutragen haben – oder zu prozessualen Lügen. Allerdings sind sie alle genannt von der Anklage oder der Verteidigung. Und die Richter sind es, die diesen Personen das Wort erteilen.

Die andere Szene spielt nicht in einem Film, sondern im nüchternen Licht des *Landgerichts München* im Prozess gegen die „Top-Banker-Manager" der Deutschen Bank.

Da sitzt jemand der, wie es in den Zeitungsberichten heißt, gut gekleidet ist mit Anzug und Krawatte, halt wie ein ordentlicher Zeuge vor einem Gericht, und obwohl er von niemandem geladen wurde, hat er auf dem Zeugenstuhl Platz genommen. Was bitte hat er hier im Köcher, auf dem Herzen, auf der Zunge? Offenbar will er irgendeine Aussage machen, irgendein Licht in den Prozess bringen oder vielleicht auch etwas verdunkeln. Jedenfalls im Gerichtssaal kam er nicht zu Wort, Justizleute waren es, die ihn, wie heißt es doch so neutral, des Saales verwiesen.

Nein, niemand kann sich in unserem Gerichtssaal ungerufen in das Prozessgeschehen einmischen. Wer immer den Mund aufmacht, muss so etwas wie Sprecherlaubnis mitbringen: Trage bei zur Wahrheitsfindung. Jedenfalls bisher.

Aber das könnte sich ja vielleicht ändern. In dem Theaterstück „Terror" von *Ferdinand von Schirach* sind es die Zuhörer im Saal, die das wichtigste „Mitspracherecht" des Strafprozesses bekommen. Sie können die entscheidende Frage „Schuldig oder nicht" beantworten. Das ist bislang nur Theater, wie gesagt. Das echte Gerichtsleben sieht hierzulande noch immer anders aus. Und so werden sich auch ordentlich gekleidete Bürger nicht mit einem „Anliegen" unaufgefordert in das Prozessgeschehen einmischen dürfen. Noch ist es der Richter, der ihnen die Sprecherlaubnis erteilt. Und auch eine Aufforderung des Gerichts an das Saalpublikum „Bitte entscheiden Sie" wird kaum in unsere Strafprozessordnung hineingelangen – so unterhaltsam dies mit all den „Schöffen" vielleicht auch wäre.

Übrigens endet der Prozess „Zeugin der Anklage" mit dem Freispruch des Angeklagten, durch eine Jury von Laienrichtern am Ende wieder mit demselben Satz des Saalbeamten: „Jedermann, der jetzt noch ein Anliegen hat ...". Welches aber könnte das sein, nach dem rechtskräftigen Freispruch?

Die Anwaltsrobe als Litfasssäule

„Wenn es der Wahrheitsfindung dient", dieses inzwischen zum geflügelten Wort gewordene Zitat stammt von *Fritz Teufel,* als er sich als Angeklagter zögernd von seinem wenig komfortablen Stuhl erhob. Der Richter hatte ihn im Amtsdeutsch darum ersucht: Aussagen vor Gericht seien im Stehen zu machen. Das Lächeln auf den Gesichtern der Richter hat bis heute seine ansteckende Wirkung behalten.

Um irgendein „Aufstehen" vor Gericht geht es nicht im derzeitigen Streit eines Anwalts mit seiner beruflichen Kammer, der jetzt auch die Gerichte beschäftigt. Dieser Anwalt will vor Gericht aber eine Robe tragen, die auf dem Rücken mit seinem Namen und dem seiner Kanzlei bedruckt ist – aus acht Metern noch lesbar.

Was hat das mit dem alten Streit um das Aufstehen vor Gericht zu tun? Wieder einmal geht es um nichts Geringeres als um die Wahrheitsfindung, diesmal ein wenig verschlüsselt um die ablenkende Wirkung, die eine solche Robe durch ihren Blickfang auf das Prozessgeschehen haben könnte. „Recht und Wahrheitsfindung" sehen die Richter gefährdet, wenn ein Anwalt sich zum selbstgefälligen Werbeträger macht.

Schon zuvor hatte dieser Anwalt sich und seine Kanzlei verbal vermarkten wollen: Auf Kaffeetassen war ein älterer, pfeiferauchender Mann zu sehen, der eine junge Frau auf ihren nackten Po schlägt: Hier, so sollte das wohl verstanden werden, könnte Hilfe gefunden werden, wenn man sich vertrauensvoll an seine Kanzlei wendet. Bis hinauf zum *BVerfG* vermochten die Richter bei dieser Tassenwerbung allerdings keine Hilfe bei irgendeiner Wahrheitsfindung erkennen. Die Tassen mögen im Küchenschrank des Anwalts ihren verborgenen Platz finden, sie gehören aber nicht in die mediale Öffentlichkeit. Denn, so die Verfassungsrichter höflich, solche Werbetassen haben mit der Stellung des Anwalts als „Organ der Rechtspflege" nichts zu tun, sie sind ein reklamehaftes Anpreisen, das mit der eigentlichen Leistung eines Anwalts nichts zu tun hat. Die „eigentliche Leistung eines Anwalts"? Na ja, die reine Wahrheit muss es ja nicht sein, um die er für seine Mandanten kämpft; aber um ein möglichst günstiges Bild seines Mandanten im Gefüge der vor Gericht umstrittenen Wahrheit.

Jetzt einmal außerhalb dieses Prozesses und des Blickes der Verfassungsrichter, im luftigen Reich der Phantasie: Wenn die Robe zum Werbeträger eines einfallsreichen Anwalts gemacht würde, könnte der sich zu einer im Gerichtssaal wandelnden Litfasssäule mausern. Von einer schmackhaften Biermarke könnte die Saalöffentlichkeit dann auf dem Rücken seiner Robe lesen, von einem erholsamen Urlaub auf den Balearen, von Büro-Anzügen in kleidsamem Schwarz oder für das neue Modell einer ehrwürdigen Automarke. Und wenn der Anwalt dann, wie auf den bewegenden Bildern von *Honoré Daumier* zu sehen ist, mit beiden Armen seine rhetorischen Leibesübungen vorführen würde, könnte der glattgebügelte Rücken einer Robe in lebendige Bewegung geraten. Dann könnte der Auftritt des Anwalts von Weitem an die Banderolen erinnern, die mit schönen Bildern versehen, auf den wichtigen Fußballplätzen der Welt in schneller Abfolge versuchen, die Zuschauer von dem Geschehen auf dem Platz abzulenken. Eine gänzlich neue Geldquelle für einen Anwalt, die in der Gebührenordnung bislang nicht vorgesehen ist.

Aber einer solchen neuartigen Werbung auf Roben wäre wohl auf irgendwelchen Rechtswegen wenig Erfolg beschieden. Deshalb hat sie im Gerichtssaal, wie wir jetzt endgültig wissen, auch nichts zu suchen, wo es um nichts Geringeres geht als um „Wahrheit und Gerechtigkeit".

Wohl kaum etwas könnte aber die Eigenwerbung eines Anwalts vor einem vernichtenden Gerichtsurteil retten, die da lautet: „Räuber, Mörder, Kindsverderber gehen nur zu Doktor Sperber." Das aber ist ein altbekannter, literarischer Einfall von *Friedrich Torberg*, der es weder mit einem Berufsrecht oder Strafrecht zu tun bekommen hätte. Und wenn, dann wäre er längst verjährt.

Wortwechsel

Was, bitte, ruft man heute eigentlich einer jungen Frau im Lokal zu, wenn man ein Gläschen Rotwein haben möchte? Das alte Wort „Fräulein" ist längst in der sprachlichen Rumpelkammer verschwunden, nicht nur in Deutschland: In Frankreich, etwa, hat auch die Mademoiselle das Zeitliche gesegnet. Es sieht so aus, als würden in manchen Ländern die Mädchen als „Frau" zur Welt kommen. Aber auch „Frau" kann man wohl solange nicht ausrufen, als man nicht weiß, wie diese „Frau" beim Namen heißt. Auch das Wort „Bedienung" will einem nicht so recht über die Lippen, klingt es doch ein wenig so, als wolle man auf eher unterwürfige Weise mit Speise und Trank versorgt werden. „Hallo", das klingt kurz und bündig, aber irgendwie unpersönlich, weil es einen so vorübergehenden Klang hat. Aber alle anderen Wortwechsel sind so etwas wie rhetorische Behelfsbrücken.

Natürlich kann man der Serviererin nachrufen: „Ich hätte gern ...", aber ohne Anrede ist das doch ziemlich anonym. Also bleibt man nach reiflicher Überlegung manchmal doch beim guten, alten „Fräulein". Und es soll ziemlich selten vorkommen, dass sich die so Angesprochene beschwert hätte. Einfacher hat es der Gast noch immer bei einem Mann: ihn kann man mit der Anrede „Herr Ober" noch immer an seinen Tisch bitten.

Aber dieser Wortwechsel, diese Umrüstung von Namen ist ja längst auch in anderen Bereichen zu beobachten, und da wird die Sache doch ein wenig schwieriger. So ist der „Negerkuss" ziemlich still verstorben, auch wenn er nicht nur unter Kindern noch in süßer Erinnerung sein dürfte. Der Mohrenkopf ist inzwischen von der Bildfläche verschwunden, und an Stelle von *Schillers* „Mohrs" muss heute wohl ein anderer dessen „Arbeit" tun. Aber der „Mohr von Venedig" kann als „Othello" weiterleben und vielleicht auch einmal in „Weiß" über die Bühne schreiten. Das „Zigeunerschnitzel" klingt in den Ohren sprachlicher Puristen diskriminierend, und von der Oper „Zigeunerbaron" kann man allenfalls dann noch sprechen, wenn man die Betonung auf die Silbe „Baron" legt. Und die „Zigeuner" werden in „Roma" und „Sinti" aufgeteilt, auch wenn diese Namen bei Weitem nicht so literarisch klingen. Ganz abgesehen von anderen Zeitgenossen, deren Hautfarbe vom Standard der

"Weißen" abweicht. Wie nur kann man über sie reden oder schreiben, ohne sich dem Verdacht auszusetzen, man sei „rassistisch" beseelt?

„Rettet das Zigeunerschnitzel", bittet *Peter Hahne* in seinem amüsanten, gleichnamigen Buch, und er schlägt auch noch einige andere schutzbefohlene Wörter zur Rettung vor, die aber eher in Dialekte hineinragen. Und an die sich die Umgangssprache irgendwie gewöhnt hat.

Bisher ist im hiesigen Rechtsbereich keine Klage bekannt geworden, mit der sich einer dieser Betroffenen zur Wehr gesetzt hätte. Aber die *Große Kammer* des *EGMR* war es, die sich 2012 mit Beschwerden zu befassen hatte, die sich gegen ein wissenschaftliches Buch mit dem Titel „Die Zigeuner der Türkei" zur Wehr setzten: Darin, so sahen dies die Beschwerdeführer, werde die Gemeinschaft der Roma beleidigt und diskriminiert. Vor diesen Richtern hatten die Beschwerdeführer allerdings keinen Erfolg. Die Begriffe waren in „akademischen" Büchern aufgetaucht, die sich, wie die Verfasser das sehen, mit dem sozialen Erscheinungsbild dieser Volksgruppen befassten. Bei der gebotenen Abwägung zwischen der „Achtung des Privatlebens" und dem gleichrangigen, allgemeinen Interesse am Schutz der Meinungsfreiheit kamen die Richter zu dem Schluss, dass der Autor des umstrittenen Buchs nicht von rassistischen Motiven geleitet war und dass die umstrittenen Äußerungen weder beleidigend noch diskriminierend gemeint waren. Allerdings merken sie an, dass jedenfalls in einem Schülerlexikon der Hinweis ratsam gewesen wäre, dass solche Begriffe auch als „abschätzig" verstanden werden könnten. Vorsicht also, beim Gebrauch heikler, vorurteilsbelasteter Begriffe.

Aber: „Rettet das Zigeunerschnitzel", rettet aber auch noch so manche auf der grünen Wiese gewachsene sprachliche Blüte. Und bevor man vor lauter Wortwechsel sprachlos wird, sollte man doch besser reden, wie einem der „Schnabel gewachsen ist". Auf den Ton kommt es doch an, er macht die Musik. Und wer beim „Fräulein" ein „Zigeunerschnitzel" bestellt, sollte diese Worte in ein Lächeln eintauchen. Dann weiß ein jeder, wie es gemeint ist.

Streit um die Morgengabe

„Gestatten, hochfreiherrliche Gnaden, die submisseste Belehrung, dass eine Morgengabe wohl vom Gatten an die Gattin, nicht aber von der Gattin an den Gatten bestellt und stipuliert zu werden fähig ist." Mit dieser Auskunft versucht der um Rat gefragte Notar seinem Mandanten klar zu machen, dass seine Forderung nach einem Geschenk zum Ehebund nicht dem geltenden Recht entspricht. Dies aber vermag der sehr hemdsärmelige, hochfahrende Baron beim besten Willen nicht einzusehen. Also herrscht er den Notar gebieterisch an, dass für ihn eine Ausnahme gelten müsse.

Die „Belehrung", um die es hier geht, spielt nicht in einer nüchternen Anwaltskanzlei, sondern im prächtigen Ambiente eines Salons in der Zeit des Rokoko – genauer gesagt, im „Rosenkavalier" von *Richard Strauß*. Der mit rüpeligem Charme ausgestattete Baron *Ochs von Lerchenau* will nicht nur die bildschöne Sophie, die um viele Jahre jünger ist als er, zu seiner Frau machen – er will auch eine beträchtliche Morgengabe von ihrem Vater herausschinden. So etwas wie ein „Schmerzensgeld" dafür, dass er seinen alten Adel mit der Tochter eines adeligen Emporkömmlings unter einer Bettdecke vereint. Das musikalisch von berauschender Harmonie erfüllte Ende dieser zum Tode verurteilten Beziehung ist bekannt: In einer Art von Saalschlacht streckt der *Ochs* die Waffen und verlässt mit seinen Gesellen das Szenenbild: „Leopold, mir gangert!"

Weitaus weniger bühnenwirksam verläuft der Streit um eine Morgengabe, der jetzt die Richter vom *OLG Köln* beschäftigte. Hier hatte der Bräutigam einer bevorstehenden Ehe seiner Braut eine ansehnliche „Morgengabe" versprochen – der Mann der Frau, lieber *Ochs von Lerchenau*, so wie sich das halt schickt. Dann ging auch diese Ehe auseinander und in ihrem Scheidungsantrag verzichtete die Frau neben anderem auch auf diese „Morgengabe". Dann aber nahm der Scheidungsprozess, der in zwei verschiedenen Ländern mit verschiedener Rechtsordnung spielt, einen kurvenreichen Verlauf. Die Frau wollte von ihrem Verzicht nichts mehr wissen und verlangte von dem Mann die restlichen Goldmünzen als „Morgengabe".

Nun mussten sich die armen Richter den Kopf zerbrechen, wie es nach heutigem Recht mit der „Morgengabe" ist. Der Mann ist es, der sie schuldet, es sei denn, die Frau hätte wirksam auf sie verzichtet. Einen solchen Verzicht hatte sie aber im Verlauf des Scheidungsprozesses ausgesprochen, und deshalb konnte der Mann die Goldmünzen für sich behalten. Verzicht ist Verzicht, das ist eine der Leitlinien dieses Prozesses.

Und wie wäre der Prozess zu Ende gegangen, wenn es dieser Baron gewesen wäre, der vor ihnen stand?

„Ich verstehe diesen ganzen Prozess nicht", hätte er wohl gesagt. „Dass dieses Weib von mir nichts kriegt, ist doch klar. Aber wie steht es mit meinem Diridari? Krieg' ich das?" „Nein, Herr Baron *von Lerchenau*, denn es ist der Mann, der der Frau die Morgengabe schuldet. Das steht so im Gesetz."

„Das mag wohl sein. Aber im besonderen Fall?" „Die Gesetze, Herr Baron, kennen keinen Unterschied".

Baron jetzt sehr lautstark: „Haben ihn aber zu kennen!"

„Herr *Ochs,* die Sitzung ist geschlossen!"

Das ist, wie gesagt, ein nacherfundener Ausklang aus dem „Rosenkavalier", mit dem poetischen Text von *Hugo von Hofmannsthal*. Aber wie dieser „Ochs" hätte sich der Kläger in seinem Streit um die „Morgengabe" sicherlich nicht verhalten. Worum es *ihm* ging, war sein „gutes Recht". Und das wurde ihm zuteil, wie heutige Richter es verstehen.

Justiz mit Herz

Die Rechtsordnung ist eigentlich keine so schlechte Sache, sagte einmal ein Zyniker, wie schade aber, dass Juristen und kleine bürokratische Machthaber sie so in Verruf bringen. Wie dieser Zugschaffner, als kleines Beispiel, der einen harmlosen Fahrgast in eine peinliche Bredouille brachte.

Er war in einen gemütlichen Zug eingestiegen, hatte am Automaten ordnungsgemäß ein Ticket erworben, setzte sich in dem fast leeren Abteil auf einen der freien Plätze und blätterte in seiner Tageszeitung. Nur drei Stationen dauerte seine Fahrt, und als noch zwei vor ihm lagen, begann das Drama. Da nämlich kam der Zugschaffner, stellte sich neben ihm auf und bat um den Fahrausweis. Den reichte ihm der Fahrgast hin, und nun hüllte sich der Schaffner in Schweigen. Dieses Schweigen brechend fragte der Fahrgast, was den „los sei". In lupenreinem Beamtendeutsch sagte der Schaffner, er sei gerade dabei, die Personalien festzustellen – und er wolle den Personalausweis sehen. Den aber hatte der Fahrgast nicht in seiner Tasche, und nun verdüsterte sich die Situation. „Haben Sie denn keine Papiere bei sich", nagte der Schaffner weiter. „Doch, hier, meine Bankkarten. Aber worum geht es denn eigentlich?"

Und nun kam die Enthüllung: „Sie sitzen in der 1. Klasse, haben aber nur eine Fahrkarte für die 2." „Oh", sagte der Fahrgast, „das habe ich nicht bemerkt. Also gehe ich eine Tür weiter, oder ich zahle den Aufpreis." Der Schaffner blieb unbeweglich stehen und wiederholte: „Was ich haben möchte: Ihre Personalien!" Nun versuchte der Fahrgast es mit einem Scherzchen, wie er dachte: „Dann müssen Sie halt die Polizei holen."

Aus dem Scherzchen wurde purer Ernst. Auf dem Bahnhof nahmen zwei Polizeibeamte den Mann in Empfang. Wieder wurde er, strengen Angesichts, nach seinen Personalien gefragt, und wieder geriet sein Scherzchen: „Ich gestehe, Schwerverbrecher", an die falsche Adresse. Nach einigen Telefonaten wurde er „auf freien Fuß" gesetzt, und ein Händeschütteln gab es beim Abschied nicht.

Dann kam, per Post, die Forderung nach jenen 40 Euro, die jedem drohen, der ohne gültigen Fahrausweis in der Bahn „herumsitzt". Ja, er war bereit, diese Summe zu bezahlen – aber an einen sozialen Verein, nicht an die Bundesbahn, weil er darin eine unverdiente Strafe sah, so, wie die Dinge gelaufen waren. Und er schickte seine kleine „Geschichte" an den „Kundendienst Dialog" der Bahn und an die zuständige Bundespolizeidirektion. Der „Kundendienst" zeigte zwar Verständnis für „seine Enttäuschung über das Verhalten" des Schaffners und dessen „mangelndes Fingerspitzgefühl". Korrekt sei indessen die Fahrpreisnacherhebung, denn das Ticket sei nicht „gültig" gewesen.

Um seine Ruhe zu haben, zahlte der nicht streitsüchtige Mann die Summe plus Zuschlag. Was er aber übersehen hatte, war, dass die Beamten die Dreistigkeit besessen hatten, ihn auch wegen „Verdacht des Betruges" anzuzeigen. Und so wurde wenigstens sein Vertrauen in die Justiz gestärkt, als er von der zuständigen Staatsanwaltschaft den Bescheid erhielt, dass dieses Ermittlungsverfahren eingestellt sei. Und mit großer Beruhigung las er, dass der Staatsanwalt den Anzeigeerstattern so etwas wie eine rechtskundliche Belehrung erteilte. Eine strafbare Handlung des Betrugs könne nämlich nur vorliegen, wenn ein Tatverdächtiger vorsätzlich handelt. Dem „unbescholtenen ... honorigen 77-jährigen Beschuldigten" könne aber „zweifellos geglaubt werden, dass er sich versehentlich in die falsche Wagenklasse hingesetzt" habe, und „dass er nicht (von Anfang an) vorhatte, den höheren Fahrpreis zu 'schnorren'. Damit liege es auf der Hand, dass er sich nicht rechtswidrig um den verbleibenden Differenz-Betrag bereichern wollte. Hier liegt offenbar weder ein vorsätzliches Handeln noch eine rechtswidrige Bereicherungsabsicht vor, also ist ein strafbares Verhalten klar zu verneinen."

Und so blieb der Justiz ein „Jahrhundertprozess" erspart, in dem es auch darum gegangen wäre, ob ein an sich gültiger Fahrschein in der falschen Wagenklasse – strafrechtlich gesehen – „ungültig" werde und ob ein möglicher Irrtum über die Wagenklasse von Einfluss auf das Strafmaß sei.

Der Mann dankte dem Staatsanwalt für seinen so menschlich formulierten Einstellungsbeschluss und sagte: „Sie haben mir den Glauben an die Justiz zurückgegeben." „Das ist doch meine Aufgabe", sagte der Staatsanwalt.

Also kann die Justiz ein gutes Stück besser sein, als dieser Zyniker das sieht. Es gibt auch sie, die Justiz mit Augenmaß, Fingerspitzengefühl – und mit Herz.

Liebe, sozialverträglich oder: „Wie die Liebe die Gesellschaft verjüngt" oder: Die Rolle der Liebe in der Sozialpolitik

Als an der altehrwürdigen Universität des südwestdeutschen Städtchens das Fach „Rechtsgeschichte" endgültig abgeschafft war und auf diesen Lehrstuhl ein jugendlicher Spezialist für das Wirtschaftsrecht der Malediven berufen wurde, fand man Erstaunliches in den verstaubten Unterlagen des Ordinarius, der nun ganzjährig nach Mallorca gezogen war. Ganz offenbar handelte es sich um ein verschollenes Manuskript für ein altes Buch, das dann aber doch nicht gedruckt worden war. Nach einer wilden Meinungsschlacht der Literaturwissenschaftler setzte sich als herrschende Meinung durch, dass es von *Jonathan Swift* stammte, der es für Gullivers Reisen bestimmt hatte – als Zustandsbeschreibung des Lebens auf der Insel Luggnagg, wo die Menschen noch einigermaßen menschlich sind.

Dort aber gab es in alter Zeit, und die Musik kommt einem äußerst bekannt vor, auch schon eine Art von Methusalem-Komplex: Die Gattung der Struldbrugs, die mit Unsterblichkeit belastet waren, aber dennoch vor sich hin alterten und nicht nur der Gemeinschaft zur Last fiel, sondern vor allem auch sich selbst.

Und zur Lösung des Problems war von einem Medikament die Rede, das spätes Alter lustvoll machte, aber selbst der Unsterblichkeit Grenzen setzte – es war ein Pflanzenextrakt namens Argaiv, der die Manneskraft gewaltig stärkte. Und es war die List der Vernunft, dass er den Frauen in die Hand gegeben wurde. Sie nämlich konnten damit umgehen, wie sie wollten, sie durften die Dosis so bestimmen, wie ihnen ums Herz war und nicht die Männer. So verlebten beide viele Jahrzehnte schöne Stunden und Tage. Bis diese Alterserotik die Frauen derart erschöpfte, dass sie von ihr genug hatten – und auch von dem Mann, der sie ihnen verschaffte. Und dann durften sie die Dosis unbemerkt so erhöhen, dass es die Liebe war, die beide – liebevoll – voneinander schied. Auf diese Weise lichteten sich die Reihen der älteren Herren.

Allerdings erwachte bei den Witwen nicht selten wieder die Zuneigung zu den Männern, und es war dann vor allem der junge Mann, an dem sie Gefallen fanden. Diese Männer bedurften keines Pflanzenextraktes für die Stunden der Liebe, aber den Frauen schlug das Herz bei aller Liebe so wild, dass eine Beruhigung ihnen gut tat. Dafür aber gab es einen anderen Pflanzenextrakt, ein Gegen-Argaiv, das bei ihnen die Wellen der Liebe beruhigte. Es wiederum war den Männern in die Hand gegeben, die es nach ihrem Gusto verwenden durften. Und so geschah es denn, dass nach Jahr und Tag die in der Liebe ergrauten Frauen nach einer solchen Nacht nicht mehr erwachten. Und nachdem sich auch bei ihnen die Reihen lichteten, begann auf der Insel Luggnagg der Kreislauf des Lebens immer wieder neu – das Mephisto-Komplott war gebrochen, die Liebe wirkte sozialverträglich.

Auf bislang ungeklärten Wegen wurde das Buchkapitel einer großen Bilderzeitung zugespielt, die faustgroß darüber berichtete. Und als das Blatt, wie nicht weiter verwunderlich, auch in der Leitungsrunde des für Familien und Soziales zuständigen Ministerium landete, deutete ein leitender Ministerialbeamter mit dem Zeigefinger auf die Überschrift „Wie die Liebe eine Gesellschaft verjüngt" und sagte: „Meine Damen und Herren, wie wäre es bei uns eigentlich mit dieser rechtspolitischen Idee?" Unsterbliche Liebe mache halt sterblich, sagte er, und dann sprach er von irgendeinem Liebestrank und von „auf der Hand liegenden" Analogien zu Romeo und Julia und Tristan und Isolde.

In der Runde herrschte ein undurchsichtiges Schmunzeln, bevor dann der nächste Punkt der Tagesordnung aufgerufen wurde. Der Beamte wurde aber ins Archiv versetzt – wie hinter vorgehaltener Hand geraunt wurde, wegen mangelnder sittlicher Reife im reiferen Lebensalter.

Hausrat, oder was?

Was hat eigentlich ein Hund im Gerichtssaal zu suchen? Es ist bisher nicht bekannt geworden, dass ein solches Tier mit einer Ladung in der Tasche dort erschienen wäre. Wenn er aber an diesem Ort seinen Auftritt hat, kann er durchaus einmal zum Zeugen werden – und vielleicht auf seine Weise eine entscheidende Aussage machen.

Die beiden Eheleute lebten getrennt, waren aber wieder in Streit geraten. Es ging um einen Gegenstand, genauer: Um einen Hausrats-Gegenstand, diesmal aber nicht um die Waschmaschine oder den Rasenmäher – es ging um einen Hund, eine junge Malteserhündin. Sie hatte der Ehemann bei seinem Auszug mit sich genommen, und nun wollte die Frau das Tier wieder bei sich haben. Die Eigentumsverhältnisse waren verworren, und was sonst in dem Prozess vorgebracht wurde, erinnerte an traurige Streitereien um den Verbleib eines Kindes nach der Trennung: Wer hatte sich mehr um das Tier gekümmert, wer hatte auch finanziell mehr für es getan, wer war mit ihm „Gassi" gegangen und wer wäre damit einverstanden gewesen, dass der Hund künftig von seinem „Herrchen" oder „Frauchen" abwechselnd bereut werden sollte?

Obwohl ein Tier seit geraumer Zeit rechtlich keine „Sache" mehr ist, wird es im Scheidungsrecht zum Gegenstand herabgestuft, der dann nach dem „Grundsatz der Billigkeit" dem einen oder anderen zugesprochen wird. Und so bemüht sich das *OLG Stuttgart*, ebenso wie früher schon einmal das *OLG Hamm*, die praktische Seite einer angemessenen Nutzung herauszufinden – wie bei den anderen Hausratsgegenständen auch, die allerdings wirkliche „Sachen" sind.

Man kann sich durchaus vorstellen, wie sachlich die Richter, was ja ihre Aufgabe ist, diese Gewichte des Alltags gegeneinander abgewogen haben. Aber Sachlichkeit hin oder her und Objektivität als krönendes Dach: Niemand kann als sicher ausschließen, dass in einem solchen Fall gerade auch subjektive Beobachtungen den Richterspruch schmieden. Hier hatte der Hund nach etwa eineinhalb Jahren sein „Frauchen" zum ersten Mal wiedergesehen: Und in der wenig anheimelnden Atmosphäre eines Gerichtssaals war er, wie aus der Entscheidung zu lesen ist, „rasch schwanzwedelnd" auf das Frauchen „zugelaufen", wurde von ihr hochgenommen und blieb „auf ihrem Schoß."

Niemand weiß, ob die Richter in diesem Beschwerdesenat selber Hunde haben. Ja oder nein: Dieser „Augenscheinbeweis", wie er in der Entscheidung genannt wird, war offenbar so schwerwiegend, dass er bei der „Billigkeitserwägung" den Ausschlag gab. Das „Frauchen" erhielt den „Zuschlag". Und obwohl die Richter alle Gründe für diese Entscheidung gewissenhaft miteinander abwogen, ist zu vermuten, dass der „schwanzwedelnde Hund" selbst den Ausschlag gab.

Hätte man diesen „stummen Zeugen" zum Reden bringen können, wäre er wohl sehr zufrieden mit der Entscheidung gewesen. Nur über die Wortwahl hätte er sich vielleicht gewundert, die die Entscheidung durchzieht: Er sei „Hausrat" gewesen, heißt es da, und deshalb auch der „Hausratsteilung" unterworfen, und aus Gründen der „Billigkeit" spreche alles dafür, dass er der Frau zugewiesen werde – „zu seinem Wohl". Du liebe Zeit, was müssen sich die Juristen doch so viele Gedanken machen, könnte er bei sich denken. Ich heiße doch „Babsi, und mein Schwanzwedeln sagt doch mehr als tausend Worte".

Spaß am Rauchen, Spaß mit Rauchen

Die Sache mit dem Rauchen ist eine Geschichte ohne Ende und auch die Geschichte eines kleinen, grimmigen Kulturkampfes: Der menschlichen und der juristischen. Und wie immer, wenn Fundamentalisten die Chance sehen, irgendein Messer zu wetzen, kann es sein, dass es zu einem gesellschaftlichen Kleinkrieg kommt. Wie in dem bekannten Rechtsstreit, in dem einem älteren Mieter nach 43 Mietjahren die Wohnung gekündigt wurde, weil sich ein anderer Mieter an dem Rauch störte, der den Weg zu seiner Wohnungstür fand.

Oder, diesmal fern der Justiz, den Gast in einem gemütlichen Landgasthof, der sich wortreich beim Wirt darüber beklagt, dass der Rauch in einem dafür erlaubten Raum irgendwie den Weg zu seinem Zimmer im ersten Stock findet. Oder die Frau mittleren Alters, die drei Männer anbellt, weil sie im Freien rauchen, aber den Blick auf ihre Sünde freigeben. Oder die andere Dame, die sich über einen Gast entrüstet, der ganz und gar erlaubt im Biergarten rauchte und die sich seinen grimmigen Rat einhandelte, sie möge doch in die Gaststube gehen, wo das Rauchen untersagt sei. Aber wie souverän war diese Frau, die, auch in einem Bierarten, zu einem Gast herüberrief: „Was rauchen Sie denn da?" Und als der zögernd sagte: „Eine Zigarette mit Pfeifentabak", ihn dann mit dem Satz beruhigte: „Ich rauche zwar nicht, aber dieser Rauch riecht richtig gut". So etwas wie gelebte Toleranz im Alltag.

Und so gibt es in dieser unendlichen Geschichte immer wieder solche kleinen, friedliche, manchmal sogar humorige Szenen, in denen sich so etwas wie die Poesie des Alltags spiegelt. Da war der Gast in dem kleinen Bistro in einer gemütvollen Schwarzwälder Kleinstadt, wo das Rauchen zum Teil erlaubt ist. Auch dieser Mann machte von seinem Recht Gebrauch und fingerte sich eine Zigarette aus der Schachtel. Mit dem Rauch hatte er aber offenbar seine Schwierigkeiten: Immer wenn er ihn aus Versehen einatmete, begann er zu husten. Ein Genussraucher, also, oder, wie die echten Raucher das nennen, nur ein Paffer. Als ihn dann ein menschliches Bedürfnis überkam, machte er sich auf den Weg zur Toilette. Und dann ging er zurück an seinen Tisch am Fenster, wo er das Leben auf dem kleinen Platz belauschen konnte und sagte lauthals: „Unmöglich, wer hier auf die Toilette geht, muss ja durch den Raum für Nichtraucher hindurch. Das ist doch für unsereinen wirklich unzumutbar!" Die Raucher sahen auf und stutzten, aber dann lächelten alle: Man sah seinem Gesicht an, wie ernst das gemeint war.

Oder in Frankfurt, wo der elegante Herr draußen vor einem Lokal am Opernplatz saß und sich vom Kellner gerade das zweite Glas Rotwein bringen ließ und sich dann redlich bemühte, mit dem Streichholz eine vollschlanke Zigarre zu entzünden. Vorher hatte er mit einem kleinen Schneidegerät jene Kerbe hineingeritzt, ohne die jede Zigarre für den Raucher nur ein rundlicher Haltegriff ist. Und dann bewegte er die kleine Flamme und wollte sich genussvoll im Stuhl zurücklehnen – auch ein Genussraucher, wie man sah.

Aber der Genuss ließ auf sich warten. Denn der Sommerwind hier draußen war eigensinnig, und so sehr der Mann auch mit seinen Händen als Schutzwall hantierte, das Flämmchen hatte kein langes Leben. Einigermaßen hilflos sah er zwischen Zigarre und Streichhölzern hin und her – und dann stand er auf und ging hinein in das Lokal. Dort blieb er hinter der Tür stehen, knipste ein Feuerzeug an und machte befreit einige tiefe Züge, und die Welt war in Ordnung – noch. Bis dann der Mann am Nebentisch rief: „Hier drin wird nicht geraucht, damit das klar ist." „Aber ich rauche doch gar nicht", sagte der andere. „Ich habe sie doch nur angezündet." Und dann sah er, dass der andere Mann ein breites Schmunzeln im Gesicht hatte. „Ich habe es auch nicht ernst gemeint, wirklich nicht", sagte der. „Wegen mir können Sie hier ruhig rauchen." Versöhnt ging der Mann mit der Zigarre hinaus unter den Sonnenschirm.

Was eine Großstadt wie Frankfurt und eine gemütvolle Kleinstadt gemeinsam haben: Menschen, die das Leben und seine Episoden nur so ernst nehmen, wie beide das verdienen. Die beiden Herren haben mit ihrem Fundamentalismus gespielt, jeder auf seine Weise. Und sie haben ihn schmunzelnd ausgetrickst. Das ist sie, diese Toleranz des Alltags.

Anti-Fundamentalisten aller Länder, vereinigt euch – macht das Lächeln zur Waffe.

Wissen, Nichtwissen, Vergessenwerden – Ein weites Feld

„Zwar weiß ich viel, doch möcht' ich alles wissen." *Alles*, das ist ein großes Wort. Aber es zeigt immerhin, dass es für den Forschungsdrang von *Fausts* gelehrsamen Schüler, dem *Wagner*, keine Grenzen gab. Sein Lehrmeister war da schon um Einiges bescheidener, wenn er knurrend erkennt, dass wir bei allem Herumstudieren „nichts wissen können".

Was *Wagner* da für sich reklamiert, ist ein Recht auf Wissen, das auch *Faust* ganz sicher nicht nur in seinem Studierzimmer bewegt hat. Und das nicht nur *Faust und Wagner*, sondern auch die meisten von uns bewegt: Zwar steht dieses „Recht" nicht ausdrücklich in unserer Verfassung, aber „wissen" möchten die meisten doch so Manches gern – eine gehobene Form von Neugier.

Es gibt aber auch das krasse Gegenteil, es gibt ein „Recht auf Nichtwissen", und der *BGH* war es, der es neulich leitsatzmäßig verbriefte. Ein Arzt hatte einer Frau gesagt, dass ihr geschiedener Ehemann an einer unheilbaren Krankheit litt, und dass diese Krankheit auf die beiden Kinder vererbt sein *könnte*. Die Frau fiel danach in eine tiefe Depression und machte den Arzt für alle Folgen haftbar – ohne Erfolg in der dritten Instanz. Der Mann hatte den Arzt von seiner Schweigepflicht entbunden, und deshalb hatte er das *Recht*, sie von seinem Wissen in Kenntnis zu setzen. Von ihrem *Recht auf Nichtwissen* hatte sie zu spät Gebrauch gemacht.

Gerade im Bereich von Krankheiten wollen nicht alle *alles* wissen, vor allem der Hypochonder hält sein Recht auf Nichtwissen manchmal hoch wie eine Fahnenstange. „Bitte mir nicht meinen PSA-Wert mitteilen", beschwor ein Patient seinen Arzt. Der hielt sich auch daran, bis einmal dieser Wert versehentlich auf dem Ausdruck der Blutprobe auftauchte. Da er aber im Normbereich lag, verzieh der Patient dem Arzt diesen Fehltritt – tief atmend. Er hätte aber auch das gute Recht gehabt, sich kein Wissen aufdrängen zu lassen. Mit seinem amüsanten, sarkastischen Humor zeigt *Billy Wilder* einen Hypochonder, der hilflos vor einer Schachtel mit verschiedenen, bunten Pillen sitzt. „Sag' mir doch mal, welche Krankheiten du hast", will sein stabiler Freund wissen. „Ach, ich will gar *nicht wissen*, was ich habe," sagte der, „aber die Pillen hier helfen gegen alles." Ganz sicher hätte *Heinrich Faust* hier fassungslos den Kopf geschüttelt.

Vielleicht ist es der Fatalist, der irgendwie von Ferne auf den Spuren von *Faust* wandelt. Zwar will er nicht unbedingt *alles* wissen, nimmt es aber gelassen hin, wenn er etwas erfährt, das ihn nicht erfreut. „Ach", sagt er dann, „wenn's halt sein muß". Das ist die Geisteshaltung, die in dem beruhigenden Chanson „*que sera, sera* ..." so melodisch erklingt: *Was kommt, das kommt,* so könnte man das vereinfachend übersetzen, und in *die Zukunft können wir sowieso nicht hineinsehen.* Übrigens hat der nicht allwissende *Faust* ganz sicher jenen Spruch gekannt, der *Sokrates* und *Platon* so sehr beschäftigt hatte. „Ich weiß, daß ich *nichts* weiß", soll er gesagt haben, aber in Wahrheit sollte es heißen: Ich weiß, daß ich *nicht* weiß", und dieser kleine Unterschied, dieses aufgedrängte „s" beschäftigt die Philosophie seit langem. Ich weiß nicht so recht, ob das, was ich alles weiß, so wirklich *richtig* ist. Und für die Richtigkeit dieses Satzes spricht so Manches.

Das Recht auf *Nichtwissen* ist so etwas wie ein Schutzschild, das vom Recht angeboten wird. Da hat es das *Recht auf Wissen* im Alltag doch um Einiges schwerer. Die realistische Bescheidenheit *Fausts:* „... und sehe, daß wir nichts wissen können", ist ein Ausdruck tiefer Verzweiflung. Ein Grundrecht auf Nichtwissen hatte er damit ganz sicher nicht einfordern wollen.

Und ob *Heinrich Faust* glücklich darüber wäre, dass alle Welt so lange Zeit derart intime Details von seinem Verhältnis mit *Gretchen* erfahren würde, ist eine interessante Frage. Aber von einem *Recht auf Vergessen*, das jetzt der *EuGH* bekräftigt hat, war damals nicht die Rede. Und die Menschen waren früher mit schlechten Bildern aus ihrer Vergangenheit nur dem vergänglichen Gedächtnis der anderen ausgeliefert und nicht dem allwissenden, nachtragenden Internet. Die rechtliche Bewertung von Wissen, Nichtwissen und Vergessen steht also oben auf der Agenda der Zukunft.

Papageien als Lebenspartner

Wie man gesprächsweise immer wieder erfährt, sind es vor allem Damen reiferen Alters, deren Unterhaltungsbedarf sich zunehmend auf die Tierwelt erstreckt. Oft ist es die Katze, die zum festen Partner wird, vor allem wenn der eigentliche Partner das Zeitliche gesegnet hat. Aber es sind auch die meist kleinen Hunde, die alle Zärtlichkeit genießen, die sie vom „Frauchen" erleben können. Manchmal sind es aber auch verschiedene Vögel, die zum Gesprächspartner gekürt werden. Gesprächspartner? Vögel zwitschern, wie man weiß, so alles Mögliche in die Luft hinein, und wie die Menschen dann antworten, hat sich noch nicht herumgesprochen. Aber offensichtlich haben beide, Menschen und Vögel, ihren Spaß an der Unterhaltung, und es sieht meist danach aus, als wenn beide einer Meinung wären.

Bei Hunden und Katzen reicht meist ein Lebewesen als schmusender Partner aus, und bei den Vögeln sind es oft zwei, die sich erst im Käfig miteinander aussprechen und dann die fürsorgliche Dame in ihre Runde einbeziehen.

Was aber ist, wenn eine Frau maßlos ist in ihrem Begehren nach Partnerschaft, wenn ihr, wie es in der Menschenwelt salopp so heißt, ein „flotter Dreier" nicht ausreicht? Dann kann das zu einem Fall für die Gerichte werden, wenn eine solche Dame den Kreis ihrer Freier auf die Zahl neun erhöht: Allesamt Papageien oder Kakadus, wie sie auch genannt werden. Was sagt das Recht dazu? Nein, an irgendeinen Umbau dachte diese Frau nicht, sondern sie ernannte ihr Wohnzimmer kurzerhand zum Käfig für den Schwarm dieser Vögel, ihrer Lebenspartner. Aber dieser „Umbau" brachte wenigstens einen Nachbarn in Rage: Er wollte die Gespräche der Vögel nicht mehr mit anhören – all das „Pfeifen, Kreischen und Krächzen", wie er das empfand. Und jetzt waren es wieder die Richter, die sich, wenigstens von solchen Geräuschen unbelästigt, ihre Gedanken über ein Verbot machen mussten. In zwei Instanzen hielten sie, wenn man so will auf leisen Sohlen, ein Verbot für angebracht: Nicht wegen des in seiner Messung umstrittenen Geräuschpegels, sondern über den Umweg des Baurechts: Jedenfalls in einem reinen Wohngebiet, so entschieden sie, ist eine solche „Wohnung" „baurechtswidrig", weil sie hier nicht üblich ist. Und deshalb brauchten sich die Richter über andere Tiergeräusche als „Störfaktoren" keine Gedanken zu machen, wenn diese Tiere außerhalb des Baugebiets leben: Denn Geräusche „domestizierter Vögel" gehören zur Natur und lassen sich von keinen Bauvorschriften einfangen.

Da die Entscheidung des *OVG Münster* endgültig ist, bleibt die Frage offen, wie das familiäre Zusammenleben der Frau mit den Papageien weitergeht: Endet es mit so etwas wie einer rechtlich verordneten Einsamkeit?

Nein, denn eine Art von Trostwort finden die weisen Richter: Wenigstens zwei der Tiere können bei ihr „wohnen" bleiben, wie bisher auch, als eine Art von familiärem „Restbestand", und kaum ein Gericht wird sich darum kümmern, ob die beflügelten Untermieter fortan weiter im Wohnzimmer flattern oder in einem baurechtlich einwandfreien Käfig. Also zumindest gegen einen „flotten Dreier" wäre also auch im „reinen Wohngebiet" baurechtlich nichts einzuwenden.

„Halt im Leben, oder wo sonst?"

Wer ist dafür verantwortlich, wenn ein Fahrgast in der Bahn oder U-Bahn ins Stolpern gerät – sei es beim Aussteigen oder auf dem Weg zur Toilette? Diese alltägliche Frage hat die Rechtsprechung nicht selten beschäftigt, bis hinauf zum alten Reichsgericht, das in einer uralten Entscheidung einem Fahrgast Schadensersatz zusprach. Damals entschieden die Richter kurz und knackig, dass die Bahn es ist, die haften muss. Denn die überwiegende Ursache für den Unfall sahen die Richter in der Betriebsgefahr. Und ein Fahrgast dürfe von seinem Platz aufstehen, wann und wie er es für richtig hält.

Das ist ein Blick zurück in tiefe Vergangenheit, und in den letzten hundert Jahren hat sich die Betriebsgefahr doch um Einiges erhöht – bei den Verkehrsmitteln, aber auch bei den Menschen. Und so vertrat ein Frankfurter Amtsgericht unlängst die Auffassung, Fahrgäste seien „stets gehalten, bis zum Erreichen der Haltestelle sitzen zu bleiben oder sich an den vorhandenen Schleifen festzuhalten" – und dass sie selbst für die Schäden haften müssen, wenn ihnen das nicht gelingt. Der mündige Fahrgast also, oder so etwas wie eine Standesperson, die so schnell nichts umwirft. Jedenfalls findet sich in den meisten Verkehrsmitteln der gedruckte Hinweis auf die Verpflichtung der Fahrgäste, sich selbst einen sicheren Halt zu verschaffen. Und wie die das fertig bringen, das steht zwar nicht auf dem Schild, ist aber so etwas wie ein Leitsatz: Sieh' selber zu, wie du hier klarkommst mit deinem Halt im Leben.

Gibt es inzwischen aber auch so etwas wie den mündigen Kirchenbesucher, und wie steht es um den festen Halt dieses Menschen, in der Kirche und drum herum? Und wer trägt hier die Betriebsgefahr, vor allem auf manchen Treppen, die zu dem schmuckvollen Portal führen, hinter dem die Besucher sich sicher und geborgen fühlen sollen?

Eine Frau mittleren Alters war zu einem Konzert in die Kirche gekommen und musste, als der letzte Ton verklungen war, die lange Treppe wieder hinuntersteigen. Inzwischen war die Dunkelheit eingekehrt, und weshalb die Frau auf der rechten Seite hinunterging, lag nicht nur an unserem eingeschliffenen Rechtsverkehr, sondern hatte wohl einen anderen Grund: Hier war die Beleuchtung für sie besser – allerdings gab es den Handlauf nicht, der auf der linken Seite den Besuchern Halt gab. Nur waren rechts die Steine nicht *„comme il faut"*, wie die Franzosen sagen, sondern eher Stolpersteine, wie die Frau dies sinngemäß im Prozess sagte, in dem es um Schadensersatz und Schmerzensgeld ging – wegen eines schweren Sturzes auf der Kirchentreppe. Wieder einmal ging es um den Halt im Leben – diesmal allerdings im Bereich der Kirche. Wer ist hier verantwortlich?

Die Frau verlor ihren Prozess, die Kirche setzte sich mit ihrer Auffassung durch: Sie habe – insgesamt – genug „Halt" geboten. Es gäbe ja diesen Handlauf, und wenn es auch an der Beleuchtung hapere, müsse der Kirchgänger eben sehen, wie er da zurechtkomme.

Auch andere Kirchen halten es mit ihrer Verkehrssicherungspflicht nicht immer genau. So findet sich im Winter nicht selten der Hinweis „Kein Winterdienst". Und der Gläubige muss dann selber sehen, wie er zu Halt und Geborgenheit kommt – in der Kirche, die Halt im Glauben anbietet, aber auch, wenn er wieder draußen ist. Vielleicht könnte man ja ein Schild anbringen mit der Aufschrift: „Jeder Mensch muss seinen Halt im Leben finden. Wir helfen ihm dabei."

Ein Maulkorb im Büro?

Was ist das eigentlich, ein Hundeleben? Es gibt Hunde, die wahrlich prächtig leben, die versorgt und verwöhnt werden, sich um nichts zu kümmern brauchen als um ihr eigenes Wohlbefinden, und die auch ohne Arbeit bestens durch den Tag kommen. Von so einem Hundeleben träumt vielleicht auch so mancher Mensch.

Hunde haben auch sehr verschiedene Heimaten. Wenigstens in der Großstadt leben sie meist in irgendeiner Wohnung, die sie dann mit den menschlichen Bewohnern teilen. Bisweilen hat es sogar den Anschein, dass sie sich dort als Hauptmieter fühlen, ihrer „Herrschaft" aber durchaus großzügig eigenen Lebensraum einräumen.

Es gibt sogar Hunde, die in einem Büro die meiste Zeit ihres Lebens verbringen. Und manchem gelingt es auch, dort bisweilen zu einem Mittelpunkt zu werden. Mit sicherem Instinkt erkennen sie, dass sie gebraucht werden – wenigstens für eine kurze Zeit, wenn die gestressten Mitarbeiter so etwas wie vorübergehende Entspannung suchen. Gegen all dieses Hundeleben ist wenig einzuwenden, wenn sich diese Hunde, anständig benehmen.

Schwieriger, auch juristisch schwieriger, wird es aber, wenn so ein frohes Hundeleben dem Menschenleben der anderen im Büro partout nicht gut tut. Dann gibt es Mitarbeiter, die sich durchaus ungewollt einem Hundeleben ausgesetzt fühlen. Einen Rechtsanspruch auf ein Büro-Leben hat kein Hund – und so bleibt diese Welt auch den meisten von ihnen verschlossen. Wenn aber der Chef auch zu den Hundeliebhabern zählt, kann er ihnen so etwas wie Zutritt geben – solange der Frieden in dieser Arbeitswelt in Ordnung bleibt. Was aber, wenn nicht?

Das *ArbG Düsseldorf* (Urt. v. 4.9.2013 – 8 Ca 7883/12, BeckRS 2013, 72466) musste jetzt über diesen Zwiespalt zwischen Hunde- und Menschenleben entscheiden. Ein zunächst willkommener Hund hatte sich im Laufe der Zeit zu so etwas wie einem Störfaktor erster Güte entwickelt: „Zähnefletschend" und „knurrend" begegnete er den Mitarbeitern, wenn diese sich an ihm vorbeibewegten. Es sei nicht mehr möglich, sich bei der Arbeit sicher zu fühlen, sagten sie, sondern sie sehen sich ständig bedroht in ihrem Lebensgefühl im Büro.

Also erhielt der Hund ein Hausverbot. Damit wollte sich sein „Frauchen" aber nicht abfinden, und sie erhob Klage. Alle Gründe, die sie in ihrer Klageschrift anführte, halfen aber weder ihrem Hund noch ihr. Denn in einer einfühlsamen Urteilsbegründung halten die Richter das Hausverbot für wirksam.

Nun soll es auch im Arbeitsleben Kollegen geben, die einander auf irgendeine Weise anknurren und sich von einander bedroht fühlen, im Lebensgefühl oder sonst wie. Das aber scheint menschlich zu sein, und auch durch einen Maulkorb nicht zu heilen. Den aber hatte die Halterin des Hundes als eine Art von Vergleich angeboten, wenn die anderen sich vor Bisswunden fürchten sollten.

Ja, wie wäre das, ein Maulkorb in der Menschenwelt, ein Maulkorb unter Kollegen? Es ist bisher nicht bekannt geworden, dass sich Kollegen gegenseitig gebissen hätten. Aber höchstens dann könnte ein vom Chef verordneter Maulkorb eine interessante Alternative sein – statt eines Hausverbots.

Froschkönig im Ehebett

Der Tag, der eine illustre Gesellschaft von Rechtsanwälten und Richtern zu fachlichen Gesprächen zusammengeführt hatte, endete mit einem festlichen Bankett. Als das Geklapper der Messer und Gabeln nach dem Hauptgang mit Rehmedaillons und Pommes Dauphin allmählich leiser wurde, erhob sich einer der Gäste, dem es sein Ansehen in diesem Kreis erlaubte, die Wartezeit bis zum Dessert mit einem Trinkspruch zu würzen.

„Ein bekannter Rechtsanwalt", so begann er, „ging eines Abends zu später Stunde aus seiner Kanzlei nach Hause. Der Tag war arbeitsam gewesen, wie gewöhnlich, und er hatte den Kopf noch voller Gedanken an seine Plädoyers vor Gericht und die Schriftsätze, die er diktiert hatte. Bis er mit einem Mal eine dünne Stimme hörte, die ihn fragte: ‚Wer bist Du?' Der Anwalt blickte sich um und sah einen kleinen, grünen Frosch an der Ecke auf dem Pflaster sitzen. ‚Ich bin ein Anwalt', sagte er, ‚ein erfolgreicher!'; ‚Wo gehst Du hin?', fragte der Frosch. ‚Ich gehe nach Hause', sagte der erfolgreiche Anwalt. ‚Och', sagte der Frosch, ‚nach Hause, dahin möchte ich auch einmal gerne gehen.' Der Anwalt besah sich den Frosch, und da ihm nach dem erfolgreichen Tag milde ums Herz war, sagte er: ‚Dann komm doch einfach mit!'

Zu Hause angekommen, sah sich der Anwalt im Kühlschrank nach etwas Essbarem um, da er nach dem erfolgreichen Tag Hunger hatte. ‚Was machst Du da?' wollte der Frosch wissen. ‚Ich mach mir was zu essen', sagte der Anwalt. ‚Och', sagte der Frosch, ‚Essen würde ich auch gerne einmal etwas.' Der Anwalt blickte mit Nachsicht auf den Frosch, der kein besonders dicker Frosch war und dachte bei sich: Wenn dieser Frosch nun schon mal dabei ist, soll er schließlich auch etwas zu essen haben.

Als er sich nun seinen Teller auf den Tisch schob und ein Glas daneben stellte, meldete sich wieder der Frosch: ‚Was machst Du da?' ‚Ich decke mir den Tisch', sagte der Anwalt. ‚Och, an so einem Tisch möchte ich auch einmal sitzen', sagte der Frosch. Der Anwalt betrachtete den Frosch, sah, dass er saubere Füße hatte und dachte: Nachdem er nun schon bei mir isst, weshalb sollte der dann nicht auch mit am Tisch sitzen?

Als beide gegessen hatten und getrunken, wurde der Anwalt müde und begann, sich sein Bett zu richten. ‚Was machst Du da?', fragte der

Frosch. ‚Ich mache mir mein Bett', sagte der Anwalt, ‚weil ich schlafen möchte.' ‚Och', sagte der Frosch nach einer Weile, ‚in so einem Bett möchte ich gerne auch einmal schlafen.' Wieder sah der Anwalt auf den Frosch und dachte: Schmutzig sieht er nicht gerade aus, und nachdem er nun schon einmal bei mir ist und mit mir gegessen hat, na, ja.

Also kletterte der Frosch in das Bett, und kaum lag er darin, als ein heller Schein durchs Zimmer ging, ein Glöckchen läutete und sich der Frosch in ein wunderschönes nacktes Mädchen verwandelte. Im gleichen Augenblick öffnete sich die Tür zum Schlafzimmer, die Frau des Anwalts erschien auf der Schwelle und fragte ihren Mann: ‚Würdest Du mir bitte diese Situation erklären!' ‚Also, das ist so', sagte der Anwalt. ‚Ich ging vorhin aus meiner Kanzlei nach Hause und dachte an den schweren Tag, als mit einem Mal ein grüner Frosch auf der Straße saß und mich frage: ‚Wohin gehst Du …?'

„Und an dieser Stelle", sagte der Redner auf dem Festbankett, „erhebe ich mein Glas auf das Wohl der Herren hier im Raum und gebe meiner Hoffnung Ausdruck, dass Ihre juristische Rhetorik es Ihnen erlauben würde, auf diese Frage eine Ihre Frau befriedigende Erklärung zu finden."

Alle im Raum lachten, ganz besonders die Ehefrauen, denen so manche Frosch-Legenden im internen Familienkreis durch den Kopf gegangen sein mochten. Die besonders Nachdenklichen unter den Gästen dachten aber noch lange nach dem Tiramisu darüber nach, welch neues Gewand da die alte Geschichte vom Froschkönig mit einem Mal bekommen hatte.

Was soll die Rute im Gerichtssaal?

Es ist doch wirklich wundersam, welche Dinge sich manchmal im Gerichtssaal ereignen – bisweilen aus Einfällen von Richtern. Diesmal war es ein Schöffe, der vor Beginn der Verhandlung Gegenstände auf den Tisch des Staatsanwalts legte, die nun wirklich nicht in diese stocknüchterne Umgebung hineinpassten: Zwei Nikoläuse aus Schokolade – also so etwas wie harmlose Weihnachtsgrüße, Grüße von Mensch zu Mensch. Nur dass der „Mensch" diesmal der die Anklage vertretende Staatsanwalt war. Das rief die Verteidiger auf den Plan, deren Aufgabe ja nicht die Vertretung von schokoladensüßer Friedlichkeit ist, sondern der zielgerichtete Kampf im Interesse ihrer Mandanten.

Da kamen ihnen diese Nikoläuse gerade recht, die in ihr Bild von der klassischen Unbefangenheit von Richtern nicht hineinpassen wollten: Was erwartet denn dieser Schöffe von einem Staatsanwalt, soll die milde Gabe ihn zur „Milde" anregen, worüber man ja reden könnte, oder eher zur Strenge, wofür die Rute in der Hand des Nikolaus ja zuständig sein könnte. Eine Rute im Gerichtssaal – sind nicht auch Juristen bisweilen unberechenbar, auch die Staatsanwälte?

Es kam zum Antrag auf Befangenheit – nicht gegen den Staatsanwalt, sondern gegen den Schöffen. Und er ging durch, dieser Antrag: Ein Richter, auch ein ehrenamtlicher, muss immer eine schneeweiße Weste tragen, auch unter der schwarzen Robe. Aber wie das?

Die einzigen, die im Gerichtssaal vor Befangenheit geradezu strotzen dürfen, sind die Verteidiger – in den schicklichen Grenzen zwar, die die Strafprozessordnung ihnen vorschreibt. Aber dass ein Verteidiger ein Problem mit dem Richter bekommen hätte, weil er ihm Schokolade in irgendeiner Form auf den Tisch gelegt hätte, ist jedenfalls nicht bekannt geworden. Ein Richter allerdings, so sehen es jedenfalls seine Kollegen, muss im Gerichtssaal in mönchischer Keuschheit leben – er darf keine Versuchung an sich heranlassen. Aber heißt es nicht immer, Richter seien auch nur Menschen? Und wäre es dann nicht wenig menschlich, ihnen zu verbieten, etwas so harmloses wie Schokolade zu verteilen?

Richter waten geradezu in einem Meer von Befangenheitsversuchen aller Art, im strengen Menschenbild der Staatsanwälte, im Waschpulver der Verteidiger, in den Erinnerungslücken der Zeugen, und in ihren eigenen Vorverständnissen aller Art – und sie müssen den Kopf aufrecht über Wasser halten. Richtig „befangen" darf ein Richter nur am Ende eines Prozesses sein, wenn er den Urteilspruch verkündet – im „Namen des Volkes", und nach seiner besten Überzeugung. Ein Staatsanwalt, der sich von einem Nikolaus beeinflussen ließe, ist hoffentlich nicht vorstellbar. Ebenso wenig wie ein Richter, der so etwas ernsthaft im Schilde führte.

Aber jetzt ganz im Ernst: Der Befangenheitsantrag mag ein Waffenspiel der Vereidigung sein – aber dieses Spiel wurde diesmal durch den Erfolg des Befangenheitsantrags zu ernst genommen. Bleibt ein Ratschlag für künftige Fälle: Wenn ein Richter auf so etwas wie den Einfall mit den Nikoläusen kommt, sollte er sie vorsichtshalber auf alle Tische im Gerichtssaal auslegen. Dann würden auch alle Beteiligten in süßer Unbefangenheit auf ihren Plätzen verharren. Und dann wäre wenigstens eine Gleichheit der Befangenheit geschaffen, und alle können wieder vorurteilsfrei „richten".

Guter Ton im Gerichtssaal

Der Gerichtssaal ist ein Boxring, so sagte einmal ein Anwalt, in dem erbitterte Kämpfe stattfinden: Nach klaren, fairen Regeln und mit der Hoffnung eines jeden der Kombattanten auf seinen Sieg. Nun gibt es freilich gewichtige Unterschiede zwischen diesen beiden Arenen: Am augenfälligsten in der „Garderobe", aber natürlich auch in den Kampfmitteln. Im Ring fliegen bekanntlich die Fäuste, im Gerichtssaal fliegen Worte und Argumente. Aber auf beiden Kampfstätten hoffen die Kombattanten, dass sie möglichst viele Treffer landen. Und in beiden sind es „Richter" oder Richter, die darüber entscheiden, wer wann getroffen hat, und wie.

Es ist der Ton, der die Musik macht. In der Boxarena sind es die Tausenden von Schaulustigen, die diesen Ton bestimmen. Und sicher ist er es auch, der den Kämpfern so etwas wie zusätzliches Adrenalin herüberweht. Sie selber aber sind so gut wie stumm. Und nur selten gibt ein Kämpfer einmal zu erkennen, dass ihn ein Treffer auch getroffen hat – ihm unter die Haut ging. Im Gerichtssaal haben die „Zuschauer", wenn es welche gibt, so ein Schweigegebot – sonst droht ihnen so etwas wie Platzverweis. Und für die Anwälte gilt eine Art von gesetzlichem Knigge, der den guten Ton im Gerichtssaal bestimmt.

Im Boxring gelten bestimmte Regeln für die Platzierung der Schläge: Tiefschläge sind verboten, und andere Hiebe, die für den Körper unfair sind. Und dennoch versuchen die beiden manchmal, sie zu landen. Wissen sie doch, dass sie alles in allem für sie erfolgreich sein können. „Fair play", dieses Gebot gibt es freilich auch im Gerichtssaal. Und wer es verletzt, kann vom Vorsitzenden an die Kandare genommen werden – kein Platzverweis, wenn man einmal von dem Richter absieht, der vor einiger Zeit einen Anwalt ohne gebotene Krawatte des Saals verwies, aber jedenfalls mahnende Hinweise.

Natürlich werden auch im Gerichtssaal die „Spielregeln" gelegentlich verletzt. Und manchmal wird dann über diese „Spielregeln" und ihre Grenzen gestritten – sogar vor Gericht. Weil ein beisitzender Richter eine Prozessbevollmächtigte durch „Anbrüllen" unterbrochen hatte, wie sie dies sagte, und ihr zudem angeboten hatte, „mit ihr in den Gerichtsgarten zu gehen, um ihr die Eigenschaften von Erde anschaulich zu machen", fühlte sie sich verunglimpft und lehnte den Richter ab – wegen der Besorgnis der Befangenheit. Allerdings vergeblich. „Er sei in einer kurzen Phase einer Kontroverse laut geworden", hatte der Richter eingeräumt, und er habe sich auch „echauffiert". Das aber sei kein zureichender Grund für eine Ablehnung, befand der Zivilsenat des *OLG Zweibrücken* als Berufungsinstanz. Denn „es gehöre zur menschlichen und auch richterlichen Ausdrucksweise, Zustimmung oder Ablehnung durch Modulation der Stimme Gehör und Gewicht zu verschaffen". Und dass auch Richter Menschen sind, sogar in ihrer Rolle im Gerichtssaal, erkennen ihre Kollegen ausdrücklich an – und sogar ein „engagiertes Naturell" wird ihnen ausdrücklich gestattet. Sichtbar wütend auf die Zeugen war etwa die Vorsitzende Richterin in einem aufsehenerregenden Prozess um einen Autobahnraser, der einen tödlichen Unfall verursacht hatte. „Ich habe allmählich die Schnauze voll", und „dieser Prozess ist keine Witzveranstaltung." Von Befangenheit keine Rede.

Sehr „engagiert" war zum Beispiel der Richter *Adam* in *Kleists* „Zerbrochenem Krug". Seine Befangenheit schwitzte er im Gerichtssaal förmlich aus, und einen „guten Ton" wollte oder konnte er sich deswegen nicht leisten. Aber immerhin bekam er am Ende seine Quittung „Im Namen des Rechtsfriedens". Aber das ist wieder eine andere Geschichte.

Juristische Liebespoetik

Wie immer sich die „tatbestandsmäßig" umstrittene Affaire des *Boris Becker* mit dem Zimmermädchen in jener Besenkammer zugetragen haben mag: *Becker* ist zum – auch juristischen – Vater einer Tochter geworden, auf welche Weise auch immer. Auf welche Weise, was soll das heißen? War es eine „Beiwohnung", was sich da in einem wirklich romantikfreien Raum vollzog, oder war es im juristischen Sinn irgendeine andere Form der menschlichen Begegnung?

Diese „tatbestandliche" Bewertung ist entscheidend dafür, ob ein Mann zum Vater wird oder nicht. Denn im § BGB § 1600d BGB heißt es, dass als Vater „vermutet" wird, wer der Mutter „während der Empfängniszeit beigewohnt" hat. Wie bitte, beigewohnt? Dieses altertümliche Wort hat sich aus vergangenen Zeiten in das BGB herübergerettet. Und auch das so genannte „Kranzgeld" konnte eine „unbescholtene Frau", dem Wortlaut des Gesetzes nach, bis zum Jahre 1998 verlangen, wenn sie dem Mann „die Beiwohnung" gestattet hatte und er sie später verließ.

Was aber das Wörtchen genau umschreiben will, musste vor einiger Zeit der *BGH* entscheiden. Es ging um ein lesbisches Paar, das auf verschlungenen Wegen zur Adoption eines Kindes gelangen wollte, das ein gleichfalls homosexueller Mann irgendwie als Samen gespendet hatte.

Die juristischen Einzelheiten dieser „Affaire" würden den Rahmen einer Glosse sprengen. Die entscheidende Frage lautet aber, ob diese „Beiwohnung" immer so etwas wie „Geschlechtsverkehr" sein muss. Nein, sagten die Bundesrichter und entschieden, dass auch die Übergabe eines „Behälters mit Sperma" Beiwohnung im Sinne des Gesetzes sein kann. „Beiwohnung muss nicht immer Sex sein," so fasst die *Süddeutsche Zeitung* diese Entscheidung zusammen. Und auf eine richtig „wohnliche" Weise" dürften auch weder *Boris Becker* noch jener Samenspender zum Vater geworden sein.

Und vor vielen, vielen Jahren hatte ein französischer Richter einmal das deutsche Recht beim Wort genommen und eine Vaterschaftsvermutung abgelehnt, weil die beiden nicht zusammen gelebt hatten – nicht *bei-gewohnt,* wie er das verstand.

Die Juristensprache stand ja zu keiner Zeit im Verdacht, besonders poetisch zu sein. Und in einem neuen *„Sprachtest für Juristen",* veröffentlicht im *Spiegel-online,* kam *Janina Nord* zu dem Ergebnis, dass das Juristendeutsch „grausam" sein kann. Und manche Wörter würden auch von Juristen nicht recht verstanden.

Nein, „grausam" ist das Wort „beiwohnen" wirklich nicht, es ist eher ein bisschen zu gemütlich, zu „wohnlich" für das, was die Franzosen *faire l'amour* nennen, und, nicht nur die Hippies, *make love*. Und wenn ein junger Discofan nach einer heiß durchtanzten Disconacht seine neue Partnerin fragen würde: „Wenn ich dich jetzt heimbringe, würdest du mir dann die Beiwohnung gestatten?", würde er vermutlich in ein verdutztes Mädchengesicht hineinsehen. „Was, bitte, meinst du damit?" Man könnte wirklich gespannt sein, welches neudeutsche Wort ihm dann einfallen würde.

Friedenstauben in Selbstverteidigung

„Geh'n mer Tauben vergiften im Park", sang der Liedermacher *Georg Kreissler* mit seinem ätzenden Humor vor vielen Jahren. Und diesem Vorschlag war der eher fröhlich klingende Satz vorausgegangen. „Ja, der Frühling ist da ..." Also, und jetzt wird's Zeit: Vergiften! Dass das Vergiften von Tauben hierzulande in irgendwelchen kommunalen Satzungen verordnet wäre, ist nicht bekannt. Aber dass das Füttern dieser kopfschüttelnd schreitenden, hüpfenden, fliegenden und gurrenden Vögel zu einem teuren Vergnügen werden kann, macht jetzt eine Entscheidung des *OLG Oldenburg* sichtbar – auch wenn dieses Füttern bisweilen ein Akt tiefsitzender menschlicher Tierliebe sein mag.

Eine Frau hatte jahrelang gegen das Verbot der Stadt Boppard verstoßen, auf Straßen oder Anlagen Futter für „freilebende Tiere" auszulegen: Sehr zum Vergnügen dieser Tiere, aber ganz und gar nicht zum Vergnügen der Stadt und dieser Frau. Immerhin 800 Euro Buße, so lautete die gerichtliche Entscheidung, von der die Tauben durch Vermittlung einer Brieftaube nur auf sehr verschlungenen Wegen Kenntnis erlangt haben können. Jedenfalls versammelten sich diese Tiere zu einer „Konferenz der Tauben", die einen sehr eigenen Verlauf nahm.

„Ich weiß wirklich nicht, was die Menschen gegen uns haben", sagte eine Taube, deren Vergangenheit noch in die Welt der Friedenstauben hineinreichte. „In der Bibel steht doch zu lesen, dass wir so etwas wie heilige Vögel sind." „Und der Palmzweig", rief eine andere Taube, „Picasso hat uns doch damit weltberühmt gemacht". „Na, und La Paloma! Und wir geben uns doch immer noch alle Mühe, mit unserem Gurren nicht nur die Marktplätze gemütlich zu machen."

„Jedenfalls sind wir im Ansehen der Vogelwelt sehr nach hinten gerutscht – nach den Spatzen, von der Lerche einmal ganz zu schweigen."

„Das mag an unserem Federkleid liegen", sagte eine jüngere Taube. „Früher war es ja immerhin weiß, und da hat jeder hingeguckt. Und heute – dieses Taubenblau."

„Also, ich finde", meinte die ältere Taube, „dass wir nicht nur manchen Frauen so etwas wie Lebensfreude nehmen würden, wenn wir nicht mehr auf der Welt wären. Wir kennen sie doch schon lange, diese lieben Menschen, die oft kurz davor sind, selbst zu gurren, wenn sie uns das Futter vor die Füße werfen."

Und nach kurzem Nachdenken: „Auch den Kindern würde viel Spaß weggenommen, wenn es uns nicht mehr gäbe. Sie spielen doch so gern ihren Zweikampf mit ihrem Händeklatschen und dem Getrappel und Gescheuche."

„Und warum gilt das Futterverbot eigentlich nur für uns Vögel? Niemand würde es doch wagen, das Füttern von Hunden oder Katzen zu verbieten", wollte eine andere Taube wissen, „obwohl die doch auch oft frei leben". „Einmal ganz zu schweigen von all den freilaufenden Menschen, die auf den Plätzen so allerlei fallen lassen."

„Vielleicht sind wir es aber, die in der Umwelt so allerhand Schaden anrichten", sagte die alte, versöhnliche Taube, die mit ihren runden, weit offenen Augen in all den Jahren so manches gesehen hatte.

„Ach, du ewige Friedenstaube mit deinem Verständnis für die anderen. Wir sind es doch, die futtern wollen, was das Zeug hält", sagte ein junger Tauberich, der an seinem Ruf arbeitete, zur kämpferischen Avantgarde zu gehören. Und er trippelte von einem Fuß zum anderen, während er sich herausfordernd in der Runde umsah. „Ich weiß, was wir tun müssen: Eine Demo der Tauben, meinetwegen der Friedenstauben, zur Selbstverteidigung. Und unser Motto: Auch der Frieden hat seine Grenzen!"

„Aber denk' doch 'mal an all die Denkmäler und Hausfassaden, denen gegenüber wir uns nicht immer sehr anständig benehmen", sagte eine Taube, deren friedliche Einfühlsamkeit man in Taubenkreisen oft als Verrat ansah.

„Ach, da setzen wir nur so manchem Denkmal eine Krone auf, wenn auch auf unsere Weise", sagte der Tauberich. „Und die Fassaden – das macht diese Dinge irgendwie – antik".

„Man wirft uns aber auch vor, dass da manches Futter einfach liegen bleibt, bis es dann – igitt! – die Ratten fressen."

„Wenn etwas liegen bleibt, sind wir doch selbst daran schuld", sagte der Tauberich. „Also: Ran' ans Futter!"

„Wovon sollen wir eigentlich leben, wenn es kein Futter mehr gibt?", wollte die eine wissen. „Zwar darf im Zoo auch nicht gefüttert werden. Aber die Löwen und Elefanten werden dort von den Menschen doch prächtig versorgt."

„Also bleiben wir friedlich", sagte die Friedenstaube. „Dieser Ruf ist unser Markenzeichen, unser Schutzschild. Machen wir der Stadt einen Vorschlag."

„Du meinst eine Petition", rief der Tauberich. „Nein, einen Vergleichsvorschlag: Wir versprechen der Stadt, weiterhin gurrend für Gemütlichkeit zu sorgen – wer uns füttern will, darf das tun. Wir bemühen uns aber möglichst reinlich zu sein und alles aufzupicken, damit für das Rattenpack nichts übrig bleibt."

„Aber die Ratten wollen doch auch leben", sagte die Friedenstaube.

„Das ist nicht unsere Sache, dieses Problem sollen sie selber lösen", sagte der Tauberich mit kühlem Gurren.

Schließlich einigten sich die versammelten Tauben auf einen Text, der einstimmig angenommen wurde: „Das Füttern von Tauben ist nur verboten, wenn es der Umwelt nachweislich Schaden zufügt. Das Vergiften ist immer verboten, und das nicht nur zur Frühlingszeit."

Offenbar hat dieser Vorschlag die Stadtväter nicht erreicht, obwohl eine Brieftaube ihn in die weit geöffneten Fenster des Bürgermeisters hineingurrte. Aber irgendwie kam auch in ihm der Gedanke auf, dass eine Taube es war, so sagt es die Legende, die der Menschheit beim Überleben geholfen hat. Aber dann dachte er: Werd' jetzt nur nicht sentimental. Das ist ein Märchen aus uralter Zeit, und damit kommst du heute bei den Wählern nicht mehr an.

Und so blieb es bei der Geldbuße, und die alte Frau wird – Friedenstauben hin oder her – fortan im Verborgenen und auf eigenes Risiko ihrer Taubenliebe nachgehen müssen.

Von „Tätern" und „Täterinnen"

Endlich sind wir dem Ziel einer umfassenden Gleichberechtigung wieder ein gutes Stück näher gekommen. Vor allem im sprachlichen Bereich konnten sensible Zeitgenossen fühlen, dass dort noch ein gewisser Nachholbedarf besteht. Nun wurde endlich auch die Straßenverkehrsordnung überarbeitet und in einer Neufassung emanzipatorisch durchforstet. Mit Erstaunen stellt man fest, wie lange hier den Frauen eine sprachliche Vernachlässigung aufgezwungen wurde. Der *Süddeutschen Zeitung* ist es zu verdanken, dass dies endlich ans Licht gebracht wurde. Dort werden auch eine Reihe von wegführenden Beispielen sichtbar gemacht. Statt „Fußgänger" und „Rollstuhlfahrer" heißt es künftig „die zu Fuß Gehenden" und die „Fahrenden von Rollstühlen", „Radfahrer" werden zu „Rad Fahrenden" ernannt. Und die „Reiter, Führer von Pferden oder Viehtreiber" werden „geschlechtsneutral" umbenannt: Es sind schlicht und einfach Menschen, die „reiten, Pferde oder Vieh führen".

Es wäre aber verfrüht, wenn die emanzipatorischen Sprachkämpfer – richtiger: die für die Sprache Kämpfenden – jetzt die Hände in den Schoß legen würden, denn es bleibt noch einiges zu tun. Im Strafgesetzbuch wimmelt es von sprachlichen Diskriminierungen in vielen Tatbeständen. Zum Beispiel: Bei der „Entziehung der Fahrerlaubnis" oder der „Sperrung für die Erteilung einer neuen" ist nur vom „Täter" die Rede, ebenso bei der „Anordnung eines Berufsverbots". Und bei der „Fortführung einer für verfassungswidrig erklärten Partei" macht sich – dem Wortlaut nach – nur „der Täter" oder Hintermann" strafbar. Ein wahrer „Knackpunkt" ist aber der Paragraf 211, der sich mit dem „Mord" befasst. „Der Mörder" wird mit lebenslanger Freiheitsstrafe bestraft, und weiter heißt es: „Mörder ist, wer ..." Und dann folgt die Tatausführung in verschiedener Form. Waren da bei der Fassung dieses Paragrafen männliche Kavaliere am Werk, oder gab es – im Jahre 1871 – keine „Mörderin", weil eine Dame dies – damals – einfach nicht tat?

Einen Seitenblick noch auf die Bibel: Dort heißt es, dass „Gott den Mensch zu seinem Bilde schuf, zu seinem Bilde schuf er ihn". *Ihn:* Den Mensch, den Menschen, das Mensch? Diese Ungewissheit wird dann aber sprachlich korrekt erläutert: „Als Mann und Frau".

Und noch ein Blick zurück auf die Straßenverkehrsordnung und auf den Beitrag der *Süddeutschen Zeitung,* der die witzige Überschrift trägt:

„Verkehr ohne Geschlecht". Ja, zum Kuckuck, wie soll denn das nur gehen? Da es sich um ein medizinisches Thema handelt, könnte man ja dem sattsam bekannten Hinweis folgen, der am Ende jedes Fernsehspots für irgendein Medikament steht: „Zu Risiken und Nebenwirkungen fragen Sie ihren Arzt oder Apotheker." Aber wie bitte, das ist doch glatt diskriminierend, hier ist eine sprachliche Bereinigung dringend erforderlich. Denn was ist mit all den Ärztinnen und Apothekerinnen? Haben die denn da nichts zu sagen? Gerade in dieser wichtigen Frage „Verkehr ohne Geschlecht" ist guter Rat wirklich teuer – und zwar von beiden Geschlechtern.

Wein als Kapitalanlage

Dem Wein wird so allerlei Gutes nachgesagt: Er ist irgendwie göttlichen Ursprungs, denn es gibt ihn ja seit Urzeiten, den Gott des Weines. Er ist untrennbar mit Weib und Gesang verbunden, auch mit der Wahrheit, die ja in ihm liegen soll, und er hat vielleicht entscheidend dazu beigetragen, dass ein *Goethe* all seine Werke über die Runden bringen konnte – von so einigen Flaschen ist die Rede, die der große Dichter tagaus, tagein allein oder mit Freunden geleert haben soll. Dichtung oder Wahrheit?

Wie unromantisch können oder müssen, wieder einmal, die Juristen sein, die darüber zu entscheiden hatten, ob Wein auch so etwas sein kann wie ein Haushaltsgegenstand. Hat man richtig gelesen – „Haushaltsgegenstand"? Dann hätte Wein diesmal Folgen gehabt, die dem staunenden Genießer bisher noch nicht in den Sinn gekommen wären.

Aber einmal der Reihe nach: Es geht um die Folgen einer Scheidung, wo alles getrennt werden soll, das einmal nicht nur vor dem Standesbeamten als ewige Gemeinsamkeit versprochen worden war. Im „gemeinsamen" Weinkeller der bisherigen Familie hatte sich ein beträchtlicher Vorrat von edlen Weinen aller Art zusammengefunden, den der Ehemann im Laufe der Jahre zusammengetragen hatte – als Hobby, wie er im Prozess geltend machte. Er war es auch, der alleine über den Schlüssel zum Weinkeller verfügte, schon deswegen, weil seine Frau sich wenig aus Wein machte. Sie hatte dieses „Hobby" neidlos ihrem Mann überlassen, bis sie dann ins Nachdenken geriet. Die Weine, von denen ihr Mann immer so schwärmte, müssten doch ihren Preis haben, wie schon die Etiketten mit den historischen Jahrgängen verrieten. Könnte es sein, so dachte sie, dass sich hier, versteckt, ein hochprozentiges Vermögen angesammelt hatte? Die Nachforschungen gaben ihr Recht. Das „unterirdische", vinologische Vermögen wurde auf eine beträchtliche Summe geschätzt, und davon verlangte sie ihren Anteil – stolze 250 000 Euro. Die Richter, von denen nicht bekannt ist, ob sie selbst dem Weine zugewandt waren, sahen die Dinge aber anders. Dieser Weinvorrat sei kein „Haushaltsgegenstand", da das nur Dinge seien, die für die Wohnung und das gemeinsame Leben bestimmt waren. Und Gegenstände, die ausschließlich dem Beruf oder dem persönlichen Interesse eines Partners dienten, seien davon ausgenommen. Jedenfalls dieser Wein habe nicht der gemeinsamen Lebensführung gedient, sondern sei eine Liebhaberei des Mannes gewesen – jedenfalls nicht zum „gemeinsamen Verzehr" bestimmt.

Wie so manches Urteil lässt auch dieser Fall wieder viele Fragen offen. Wie wäre es gewesen, wenn die Eheleute an manchen Abenden gemeinsam ins Glas hinein geschaut hätten? Oder die Frau wenigstens gesagt hätte: „Liebling, lass' mich doch 'mal an diesem Glas probieren. Das Etikett macht mich so an." Aber so hat sie ihre Chance, auch zu diesem Teil des Vermögens zu kommen, wohl für alle Zeit vertan. Aber einmal langsam: Vielleicht sollte die Frau den Mann dazu bringen, auf eine gelungene Scheidung mit einem Glase Wein anzustoßen, und das mit einem Jahrgang, der wenigstens der Dauer ihrer Ehe entspricht. Allerdings müsste dann noch geprüft werden, ob dieses „Prost" ihr dann einen Revisionsgrund bieten würde. Wenn nicht, wäre Wein eine wirklich gute Kapitalanlage: Scheidungssicher, und noch dazu hochprozentig – 12 bis 13 Prozent, so jedenfalls steht es auf dem Etikett.

Es lebe die Emanzipation

Eliza, wo zum Teufel sind meine Pantoffeln?": Das sind die inzwischen sprichwörtlichen, letzten Worte, die jener Professor *Higgins* dem inzwischen arrivierten Blumenmädchen vor die Füße wirft. Zutiefst enttäuscht von der Gefühllosigkeit dieses Supermachos hatte das gesellschaftlich aufgepäppelte Mädchen dessen großbürgerliches Haus verlassen und ihren geduldigen Anbeter *Freddy* getroffen, dann aber buchstäblich die Kurve gekratzt, um zu „ihrem" Professor zurückzukehren. Mit ungewisser Zukunft, zunächst einmal um sich um dessen Pantoffel zu kümmern.

So jedenfalls die Geschehnisse in dem weltberühmten Film *My fair lady,* deren Gestaltung auf der Komödie *Pygmalion* von *Georg Bernhard Shaw* aufbaut. *Shaw* hatte das Ende des Ganzen, sagen wir einmal etwas offener gesehen: *Eliza* schwankt zwischen ihrem bislang so keuschen Liebhaber *Freddy* und dem Professor, und wie alles weitergeht, bleibt der Phantasie der Zuschauer überlassen.

Das Theaterstück stammt aus dem Jahre 1913, der Film trägt das Datum des Jahres 1964 und es scheint an der Zeit, endlich einmal dieses veraltete Weltbild zu modernisieren – wenn man so will mit den Augen eines zeitgemäßen Mannes, aber aus emanzipatorischer Sicht und unter strenger Beachtung des Gleichberechtigungsgebots in Art. GG Artikel 3 GG.

Also: *Eliza* findet die Pantoffel, aber sie gibt zu erkennen, dass so etwas in Zukunft die eigene Aufgabe des Professors sein wird.

„Du meinst also, *Eliza,* dass es die Sache eines Mannes sein soll, sich selbst um seine Pantoffel zu kümmern?" „Ich meine", sagt sie zögernd, „dass ein Mann nicht alle Aufgaben auf eine Frau übertragen kann. Auch nicht ein Professor wie Sie." „Und du wagst es, mir das zu sagen, nachdem ich dir den aufrechten Gang beigebracht habe." „Diesen Gang habe ich gefunden, obwohl Sie es waren, der mich immer so klein gemacht hat." „Ohne mich wärst du, ehm, ehm, auf einem Straße verendet." „Einer Straße, heißt das, lieber Herr Professor, und ,verendet' könnte man vielleicht von einem Hund sagen, aber niemals von einer Dame – geendet, meinetwegen."

Professor *Higgins* blickte fassungslos drein: „Du willst mir doch nicht die richtige Sprache beibringen, nachdem ich es war, der dir die Reden beigebracht hat." „Das Reden, meinen sie wohl. Im korrekten Reden bin ich Ihnen inzwischen ja gewachsen." Und dann mit einem tastenden, charmanten Schmunzeln: „Aber wenn es nötig ist, kann ich Ihnen ja gern ein bisschen aushelfen." Jetzt sah Mrs. *Pearce,* die jahrelange Haushälterin, hilfsbereit zu *Higgins* herüber. Der aber zog sich zu der langen Reihe der Buchrücken zurück, die für ihn so etwas war wie der Ausblick aus einem offenen Fenster.

„Die Zeit ist ein sonderbar Ding", das weiß auch die Marschallin im Rosenkavalier, „wenn man so hinlebt, spürt man rein gar nichts". „Sonderbar" wurde sie schon, die Zeit im feudalen Haus des Professor *Higgins,* aber alle spürten zugleich, dass da etwas geschah. Während Professor *Higgins Eliza* bislang abfällig behandelt, zu einem ihm zugelaufenen Stück des Straßengesindels erklärt, sie herumkommandiert hatte, ließ er sich mit ihr nun zu etwas wie Gesprächen herab.

„Lieber Herr Professor", sagte sie dann, „Sie haben in Ihrer Selbstherrlichkeit einfach verschlafen, dass wir Frauen den Männern längst ebenbürtig sind – mindestens". „Und wie sollte das geschehen sein, so hinter unserem Rücken?" „Weil es im Gesetz steht, und in vielen Gerichtsurteilen." Und mit einem maliziösen Lächeln fügte sie hinzu: „Dass Sie lesen können, hat sich doch inzwischen herumgesprochen."

Nun suchte *Henry Higgins* Rat bei Oberst *Pickering,* mit dem ihn seit einiger Zeit eine tiefe Freundschaft verband. „Ich verstehe zwar nicht viel von den Frauen", sagte der, „aber wie man hört sind die Zeiten des Machos abgelaufen". „Was soll denn das sein, ein Macho?" Bevor Oberst *Pickering* sich zu einer Antwort durchrang, nahm er einen Schluck von dem bereitstehenden Cognac: „Es tut mir wirklich leid, das Ihnen zu sagen, aber es muss heraus: Das sind Sie!" „Ich?", sagte *Higgins,* und sah mit einem Mal aus, als hätte er soeben erfahren, dass die Queen ihn ausgebürgert hatte. Dann nahm auch er einen Schluck vom Cognac und sah hinüber zu Mrs. *Pearce:* „Und was meinen Sie, was ich bin?" „Also, was ein Majo oder Mancho ist, weiß ich nicht: Aber wenn das heißt, dass Sie jede Frau unter Ihrer Fuchtel halten, dann wären sie so etwas."

Higgins ging in sich, und als ihm *Eliza* eines Tages beiläufig sagte, sie könne von nun an auch ohne ihn auskommen, wurde ihm richtig mulmig. Er erkundigte sich immer öfter nach ihrem Befinden, reichte ihr einmal das Taschentuch, als sie niesen musste und einmal beobachtete sie verstohlen, wie er mit dem Staubtuch den antiken Esstisch abwischte. Auch seine Garderobe geriet in ihr Blickfeld. „Müssen Sie sich eigent-

lich immer so, na, so klassisch anziehen? Das macht doch irgendwie alt."
Ihm fiel zunächst keine Antwort ein, aber Mrs. *Pearce* traute ihren Augen nicht, als er vor dem großen Wandspiegel plötzlich die Schultern straffte und seinen sich anbahnenden Bauch einzog. Und als sei dies etwas Selbstverständliches trug er plötzlich ein offenes Hemd unter einem farbigen Pullover, als er zum Abendessen Platz nahm. „Wollen wir nicht ‚du' sagen", fragte er *Eliza,* nachdem die Suppe abgetragen war. „Warum denn nicht, *Higgins,* das tun Sie, ehm, das tust du doch schon von Anfang an", sagte sie, hob ihr Weinglas und sah hinein in das fassungslose Gesicht von Mrs. *Pearce.*

Auch was den Sprachunterricht anbelangt erfüllten sich ihre Hoffnungen. Immer mehr Schüler fanden den Weg zum Haus, und wenn Mrs. *Pearce* an der Tür fragte: „Zu wem wollen Sie?" bekam sie immer öfter die Antwort: „Nicht zum Professor *Higgins,* zu *Eliza!*" Und als sie *Higgins* einmal sagte, er könne doch nicht alle Hausarbeiten auf Mrs. *Pearce* abwälzen, blickte er nur einen Augenblick verdutzt drein. Bald darauf sahen die erstaunten Nachbarn, wie *Higgins* einen Rolli vor sich herschob, der gefüllt war mit allerlei Lebensmitteln. „Wenn du nicht aufpasst, wird aus dir noch 'mal ein echter Hausmann", sagte *Eliza,* als sie dieses Bild sah. „Nichts ist ausgeschlossen", sagte *Higgins* und räumte den Eisschrank ein: „Vielleicht wenn wir einmal heiraten sollten und Kinder hätten."

Nichts ist ausgeschlossen. Es ergab sich eines Tages, dass *Eliza* zu einem Pferderennen gehen wollte, das inzwischen zu ihrem Hobby geworden war. Sie sah sich in dem großen Wohnraum um, blickte unter die Couch und rief dann mit lauter Stimme: „Wo zum Teufel *Higgins,* sind meine neuen roten Schuhe – die mit den High Heels?"

Nun kam Professor *Higgins* doch ins Grübeln: Wie ist das eigentlich mit der Emanzipation des *Mannes,* und wo könnte darüber etwas zu lesen sein – im Gesetz oder in diesen vielen Gerichtsurteilen?

Episoden des Rechts

Rollentausch

Jedenfalls in der Oper ist der Rollentausch ein beliebtes Stilmittel: Cosi fan tutte, Figaros Hochzeit, Rosenkavalier, Fidelio, das sind nur einige Beispiele für das, was recht unromantisch „Identitätstäuschung" heißt. Aber solche Täuschungen gibt es überall, neuerdings sogar im Auto. Kürzlich war zu lesen, dass Fahrer und Beifahrer während der Fahrt die Plätze getauscht haben. Eine beachtliche, akrobatische Leistung, jedenfalls für einen der beiden, der rund dreiundsiebzig Jahre alt ist. Und gerade halb so alt war der andere, der bisher am Steuer gesessen hatte. Allerdings fiel die ungewöhnliche Akrobatik der Polizei auf, und so nahmen die Dinge ihren Lauf: Zwar war der jetzige Fahrer im Besitz seines Führerscheins, aber der „eingetauschte" hatte ihn aus gutem Grund verloren. Bei allem Respekt vor der turnerischen Leistung: Die Polizei leitete, wie das so heißt, die „üblichen Schritte" ein.

Ein anderer „Rollentausch" hatte sich vor einigen Jahren ereignet, und sicherlich war auch er für die amtierenden Polizisten einigermaßen unterhaltsam. Ein arrivierter Mann hatte seinem Chauffeur an diesem Abend Freizeit gegeben, als er mit seiner Ehefrau zu einer Abendeinladung fuhr. Das Essen zog sich hin, das Trinken auch, und als es dann an die Heimfahrt ging, hatte die Ehefrau so ihre Bedenken. „Du hast getrunken", sagte sie, „und zwar so einiges". Da kam der Mann auf eine vorübergehend glorreiche Idee: „Du bist die Madame", sagte er, „und ich bin dein Fahrer". Dann holte er aus dem Kofferraum die Ausstattung seines Fahrers. „Da soll uns die Polente nur ruhig kommen!" Auch die Dienstmütze, die der Fahrer immer so korrekt trug wie er sonst seinen Hut.

Und die Polizei „kam", als „Routineprüfung", und trotz seines eindrucksvollen Outfits ersparte sie ihm die Frage nicht: „Haben Sie getrunken?" „Keinen einzigen Tropfen", sagte der Mann, „ich bin doch der Chauffeur, und ich fahre die gnädige Frau nach Hause!" Der Polizist sah in dem Wagen umher und unterdrückte ein Schmunzeln, als er den Braten roch: „Und warum haben Sie dann die Dienstmütze verkehrt herum auf?"

So war es: Der Mann hatte den Schirm der Mütze neckisch nach hinten verschoben, wie er das von seinen Enkelkindern gelernt hatte. Ein Alkoholtest ergab eine erkleckliche Summe, und der Chauffeur war in den nächsten Monaten gut beschäftigt – mit ordentlicher Mütze.

Schrittweise Emanzipation

Schaubühne ist ein belebter Platz in einer bekannten badischen Stadt. Szenarium: Die Stellung von Mann und Frau im Islam. Das Rollenspiel in der Öffentlichkeit wird an einem einzigen Nachmittag in verschiedenen Szenen für alle Augen sichtbar.

Der Mann trägt ein rotes T-Shirt und eine saloppe Hose aus Leinen. Die Frau eine Burka mit Sehschlitz für die Augen. Auch im Gehen noch zippelt sie an dem rabenschwarzen Stoff, der ihren Blick verschmälert, auf den sie doch Schritt für Schritt so angewiesen ist. Der Mann ist ihren Schritten um einiges voraus. Er dreht sich nicht nach ihr um – sie muss halt selber sehen, wie sie klarkommt – auch mit dieser Hitze, die derzeit auch hierzulande herrscht.

Der Mann trägt ein blaues T-Shirt, die Frau einen Tschador, ein weites, schwarzes Tuch, das sich über den Körper ausdehnt, aber Gesicht und Augen freilässt. Der Mann geht seine Schritte voraus, die Frau folgt ihm.

Der Mann wieder im T-Shirt, die Frau mit einem farbigen Schal, der das Haar verhüllt, aber das Gesicht freigibt. Das Wundersame aber: Der Mann ist es, der den Wagen schiebt, in dem ein kleines Kind liegt. Die Frau hat ein Handy in der rechten Hand, auf dem sie neue Botschaften abliest.

Mann und Frau gehen auf gleicher Höhe nebeneinander, er mit dem unvermeidlichen Shirt, sie mit einem lockeren Kopftuch und einer breiten Sonnenbrille. Und auch hier ist es der Mann, der den Kinderwagen schiebt – und die beiden sprechen miteinander.

Eine Frau geht dem Mann ein paar Schritte voraus, er geht in ihren Spuren. Aber pardon, ich sehe gerade, das ist ein ganz anderer Fall, eine ganz andere Frau. Die beiden sind Einheimische, aber der Mann ist um einige Jahre älter als sie.

Was wir daraus lernen können: Auch die Emanzipation vollzieht sich, weltweit, nur schrittweise. Und wie es weitergeht? Schaun' mer mal, aber lassen wir die Hoffnung nicht fahren dahin.

Glückliche Scheidung

Scheidungen sind manchmal eine echte Tragödie für alle daran Beteiligten. Glückliche Ehen soll es dem Vernehmen nach ja bisweilen geben, von glücklichen Scheidungen ist kaum etwas zu hören. Eine solche – fast – glückliche Scheidung ging vor kurzem in einem kleinen badischen Familiengericht über die Bühne, bevor die Richterin das Amtszimmer betrat. Da saßen die beiden – noch – verheirateten Parteien einträchtig nebeneinander auf ihren Stühlen. Ihre Trennung war schon lange vor diesem Termin geschehen, beide hatten sich in ihrem neuen Leben eingerichtet. Der – noch – Ehemann hatte eine neue Partnerin, die – noch – Ehefrau wollte sich damit eine Weile Zeit lassen.

Da saßen sie nun, er in einem gediegenen Anzug, sie im sommerlichen Kleid, mit einem für „gerichtliche Verhältnisse" eindrucksvollen Dekolleté. Der Mann schaute sie mit noch immer liebevollem Interesse an und sagte: „Ich bin ja gleich frei. Wie wäre es mit uns beiden?"

Die Frau hatte noch immer ein Schmunzeln im Gesicht, als die Richterin den Raum betrat. Eine gute Viertelstunde später war auch sie dann „frei", die beiden gingen zu einem gemeinsamen Abendessen. Und dabei blieb es.

Der Verfasser dieser Zeilen hatte in der ZRP einmal ironisch eine „Scheidung auf Prob' vorgeschlagen". Vor der Heirat sollte eine Scheidung über die Bühne gehen, mit allem Streit über die Wohnung, die Möbel, den Unterhalt, und was es sonst noch so gibt. Und wenn diese „Scheidung" einigermaßen harmonisch abläuft, sollte die Ehe dann unscheidbar sein – „lebenslang", wie das früher einmal so anspruchsvoll erwartet wurde. Vielleicht hätte dieses Paar gute Chancen für eine solche Ehe gehabt – aber selbst dann könnte irgendwas dazwischen kommen.

Wenn der Lack ab ist

„Im Namen des Volkes! Diesen Schaden behebe ich ganz allein." Nein, ganz so lautet der Urteilsspruch des Richters nicht, der eine völlig neue Form der Konfliktbeilegung praktiziert hat: Kein Güterichter, kein Mediator, kein Ombudsmann, sondern ein Mann mit Gespür für den so genannten Alltag und die überschaubaren Probleme, die dieser Alltag so mit sich bringt. „Selbstjustiz", wie der *Spiegel* seinen glossierenden Bericht überschrieb.

Was war geschehen? Ein Mann hatte Klage erhoben, weil seinem Auto ein Schaden widerfahren war: Eine Frau hatte die Wagentür berührt und dabei einen Lackfleck hinterlassen: Dreieinhalb Zentimeter lang, und, wie der Eigentümer meinte, eine Schande für das Fahrzeug. Er zog vor Gericht und war auf dem besten Weg, wegen des Flecks eine kleine Kostenlawine auszulösen: Analyse des Lacks, Kosten des Gutachters, und auch die Gebühren fürs Gericht – was so zusammenkommt, wenn ein Mann sein (zweit-)bestes Stück „touchiert" sieht. Der Richter hat so etwas wie das neue Spezialressort „Praktische Justiz" aus der Taufe gehoben. Er „bestellte", so die *Süddeutsche Zeitung,* beide Parteien samt Auto vors Gericht, um sich den vermeintlichen Schaden anzusehen. Er „zückte die Putzutensilien, rieb über das Auto" – und Simsalabim war die „Unfallstelle" weggewischt. Und im Gerichtssaal gelang dem Richter dann ein zweites Wunder: Wenn auch sehr widerstrebend zog der Kläger seine Klage zurück.

Dieser „Rechtsstreit" erinnert an einen anderen Fall, der sich irgendwo im Schwarzwald auf einem kleinen Dorf zugetragen hatte. Dort hatte ein Mann die Stoßstange eines Nachbarn berührt, und die winzige Schramme war, so hieß es, nur zu einem ziemlichen Preis aus der Welt zu schaffen: Denn wenn die Stoßstange neu gefärbt werde, müsse auch der andere Bereich des Wagens farblich erneuert werden. Der Mann erklärte sich deutlich grollend einverstanden, sagte aber seinem Nachbarn ins Gesicht, dass er ihm in Zukunft aus dem Wege gehen werde. Am nächsten Tag rief dieser Nachbar an und sagte, es sei ihm gelungen, den Kratzer mit einem Farbstift unsichtbar zu machen. Nun schickte ihm der Mann eine Kiste Wein, und seitdem geht keiner von beiden dem anderen aus dem Weg. Ein Schaden kommt selten allein: Kurz darauf „touchierte" derselbe Mann in der Tiefgarage seiner Firma den Wagen eines

Kollegen, wieder an der Stoßstange und auch mit bloßem Auge kaum zu erkennen. Bald darauf erhielt er eine Reparaturrechnung, die ihn erstaunen ließ – aber dieser Fall endete mit Geld, und nicht mit Wein. Weil er inzwischen gewissermaßen zum „Serientäter" geworden war, geschah es, dass derselbe Mann in einem französischen Badeort beim Einparken wiederum eine Stoßstange erwischte – diesmal mit einigem „Erfolg". Der Franzose kam, besah seine ziemlich lädierte Stange und die seines „Schädlings", die keine Narben zeigte. „Voila, c'est du qualité allemande", sagte er anerkennend. Vom Geld war nicht die Rede.

Vier Fälle, vier „Entscheidungen". Was es daraus zu lernen gibt? Der Kult ums Auto wird bisweilen übertrieben – Stoßstangen sind, im Wortsinn, zum Anstoßen gebaut. Da könnte man die Schadensstufe höher hängen. Es gibt, nicht nur in Frankreich Menschen, die das Auto als Gebrauchsgegenstand nutzen und nicht zum Kultobjekt erheben. Und es gibt Richter, die – wie heißt es doch – ach ja, die dem gesundem Menschenverstand eine Gasse schlagen, auch im Gerichtsaal – gewissermaßen als Großmeister der „Alternativen Justiz".

Die Waffe der Definitionsmacht

Entschuldigen Sie bitte, aber so können Sie bei uns nicht Golf spielen. Sie haben eine Jeanshose an". Die Dame, die sich gerade zum Abschlag rüstete, sah den für den Platz zuständigen Trainer erstaunt an. „Das ist eine Hose aus Jeans-Stoff, aber ein ganz anderes Modell. Und sehen Sie nur die Blumen, die da überall in die Hose eingestickt sind." „Bedaure, Madame, ich habe die Order keine Jeans hier zuzulassen. Bitte ziehen Sie sich um." Einerlei, wie die Sache ihren Verlauf nahm, es geht um die Definitionsmacht, die hier in der Hand eines Trainers lag. „Was eine Jeanshose ist, bestimme ich!" Natürlich in irgendeinem höheren Auftrag.

Auch der Arzt hat eine Definitionsmacht, die ihm die wissenschaftliche Medizin verleiht. Er untersucht die Patienten nach den Regeln der medizinischen Zunft und verkündet dann ein „Urteil", das auf seine Weise endgültig erscheint. „Sie haben ...", heißt es dann, und nicht nur der Hypochonder kommt aus dem Zittern nicht mehr heraus. Allerdings ist den Medizinern diese Aufgabe, ein Untersuchungsergebnis zu verkünden, nicht als *Macht* anvertraut, sondern als *Befund,* als Summe möglichst objektiver Kriterien.

Ungleich gewichtiger ist aber die Definitionsmacht, die zur Grundausstattung der Juristen gehört, vor allem zur Ausstattung der Richter. So behaglich die Begriffe „Treu und Glauben" klingen, es ist eine ewige Aufgabe, im Einzelfall zu entscheiden, ob sie im konkreten Fall erfüllt sind oder nicht. Das ist dann der Machtspruch: Ich entscheide, ob du *Treu und Glauben* gewahrt hast oder nicht. Oder ob jemand im Straßenverkehr einen anderen „mehr als nach den Umständen unvermeidbar ... behindert oder belästigt" ist auch bisweilen etwas wie Geschmackssache. Es wird aber zum Machtwort, wenn Richter dies nach ihrer festen Überzeugung bejahen.

Besonders eindrucksvoll wird diese Definitionsmacht an einem fast harmlos klingenden Fall, in dem es um „die Waffen einer Frau", geht, genauer um eine Handtasche, noch genauer um eine „gefährliche Designertasche". Diese Tasche hat einen Griff, der einem Schlagring ähnelt, vier aufwendige Ringe, die mit allerlei kostspieligem Zierrat ausgestattet sind. Die eifrigen Zollbeamten beschlagnahmten die Tasche als „gefährliche Waffe". Der Fall geriet vor das *Amtsgericht Erding,* dessen Richter die Dinge etwas entspannter sahen, sagen wir einmal modebewusster. Er sprach die Dame vom Vorwurf „des vorsätzlichen Besitzes und vorsätzlichen Führens einer Waffe" frei: „Wegen erwiesener Unschuld". Die Tasche sei – juristisch gesehen – nichts weiter als eine harmlose Handtasche, der Zierrat einer Frau halt. Und bei seiner Definition konnte er sich, was wohl jeden Richter beruhigt, auf ein Gutachten stützen, diesmal von einem Waffenexperten des Landeskriminalamts – aber er war es, der das letzte Wort hatte.

Kein letztes Wort, aber auf seine Weise auch ein „Urteil" hat einmal der surrealistische Maler *René Magritte* gesprochen, der eine veritable Pfeife abbildete, aber im Text unter dem Bild sagte: „Dies ist keine Pfeife". Wäre dies ein echter „Urteilsspruch" gewesen, hätte er in der leidigen Diskussion über das Rauchverbot wohl einige Bedeutung erlangt. Denn viele Raucher wären mit heiler Haut davongekommen, wenn sie gesagt hätten: „Was ich da rauche ist keine Pfeife, keine Zigarette und auch keine Zigarre. Und das ist geltendes Recht!" Und dass eine Rose nichts anderes als eine Rose ist, weiß alle Welt, seitdem *Gertrude Stein* dies endgültig geklärt hat.

Die Definitionsmacht der Juristen, der Medizin und von Künstlern wiegt aber verschwindend wenig im Vergleich zu der Machtfülle, die die Kirchen haben. Seit ewigen Zeiten, so möchte man sagen, entscheiden sie als Kommentatoren ehrwürdiger Texte für ihre Gläubigen, was Sünde ist und wie ein gottgefälliges Leben aussieht. Und sie weisen auch sehr eindringlich darauf hin, was die Folgen sein werden: Wem die Türen zum Himmel offenstehen und wer in der Hölle landen wird, oder an einem anderen wenig wohnlichen Ort. Woher sie das so genau wissen? Nun, sie haben ja diese Texte und legen sie so aus, wie sie es für richtig halten – im Sinne des Glaubens, und im „Namen des Himmels".

Und noch ein kleiner Unterschied: Während sich die anderen „Urteile" immerhin irgendeiner zeitnahen irdischen Kontrolle stellen müssen, sind die der Kirchen *endgültig* – irgendwie *lebenslänglich*. Denn wenn einmal die letzte Instanz das Wort hat, erfährt kein Mensch mehr, ob sich da vielleicht vorher jemand geirrt hatte.

Schmerzensgeld für Tiere

Ein Hauch des Romans „Farm der Tiere" von *George Orwell* durchweht einen Prozess, der dieser Tage vor dem *AG Wiesbaden* verhandelt wurde, und nach dem Urteil kann die Agrarwirtschaft endlich aufatmen. Diese Entscheidung haben die Richter wie einen Rettungsring in eine schicksalhafte Haftungsfrage geworfen: Nun kann das Leben weitergehen, das Zusammenleben von Mensch und Tier.

Was war geschehen? Ein ansehnlicher Neufundländer Rüde hatte, zusammen mit seinem Herrchen, einen Hundesalon betreten. So weit, so gut. Allerdings benahm er sich in diesem Salon nicht wie ein Rüde von Welt, sondern wie ein echter Rüde, als er die ausliegenden Hundedecken sah: "zumindest markierte" er einige von ihnen, wie es in dem Urteil heißt, wobei es offenbleibt, ob er sich, wie im Prozess behauptet wurde, dabei „vollständig entleerte". Dass der Halter dafür geradestehen muss, ist nicht das *Highlight* in dem Urteil. Der Knüller ist ein harmlos klingender Leitsatz vor dem Urteil: „Ängste oder Leiden eines Hundes begründen keinen Schmerzensgeldanspruch des Hundeeigentümers." Das nämlich hatte er seinem Hund an den Augen abgelesen, dass er an irgendetwas gelitten hatte, wie ein Hund. Warum aber, das wusste zwar das Herrchen nicht, wohl aber der Hund.

Also damit das klar ist: Zwar sind Tiere längst keine *Sachen* mehr, aber das bedeutet noch lange nicht, so das Urteil, dass sie den Menschen gleichgestellt wären. „Ein Schmerzensgeld für die Leiden von Tieren", so die Richter, „ist im deutschen Zivilrecht nicht vorgesehen und wesensfremd".

Wie würde die Welt aussehen, wenn der Rechtsstreit anders geendet hätte? Welche gigantischen Summen an Schmerzensgeld wären auf Menschen zugekommen, die es mit dem Leid der Tiere nicht so ernst nehmen wie dieser Hundehalter? Wie wäre es mit den Veranstaltern, die ganze Herden von Rindern, Schweinen oder Schafen durch die Welt chauffieren, eingezwängt, eingepfercht in diesen Gefängniswagen, bis sie dann endlich irgendwo sterben dürfen? Wie mit den Eigentümern von Legehennen-Batterien, denen von Zeit zu Zeit ein paar Quadratzentimeter abgerungen werden müssen, damit diese Hühner in den kurzen Tagen ihres Lebens wenigstens tiefer Luft holen können? Wie mit den Stieren, die „kampffreudig" durch die Straßen von Pamplona laufen, um dann in der Arena nach einem aufgezwungenen Duell endlich unter großem Beifall erstochen zu werden? Und wie mit manchen Zirkustieren, die vor großem Publikum Kunststücke zeigen, die kaum in ihrer Natur liegen? Aber vielleicht ist hier der Beifall ja so etwas wie Schmerzensgeld für sie.

Wäre der Fall des Neufundländers nicht vor dem *AG Wiesbaden* verhandelt worden, sondern vor dem Tribunal in der „Farm der Tiere", hätte es vielleicht ein Schmerzensgeld gegeben. Aber auch da hätte man wohl über dessen Höhe gestritten. Denn von dort stammt ja die historische Erkenntnis: „Alle sind gleich, aber einige sind gleicher." Wie bei den Tieren, also auch bei den Menschen.

Risiken und Nebenwirkungen

Die dramatischsten „Beipackzettel", die bislang erfunden wurden, sind wohl die Aufdrucke auf den Zigarettenschachteln. Dass „Rauchen tödlich ist", erscheint da noch als eine recht milde Drohung. Noch mulmiger wird einem zumute, wenn man von den näheren Umständen liest, die dieses Ereignis offenbar unvermeidlich begleiten. „Rauchen fügt einem selbst und den Menschen in unserer Umgebung erheblichen Schaden zu": Das ist in der Tat bedauerlich, vor allem beim Blick auf „die anderen". Aber dann werden die Hinweise deutlicher: „Rauchen kann die Spermatozoen schädigen und die Fruchtbarkeit einschränken", es kann „tödlichen Lungenkrebs" und „Impotenz" verursachen. So ungefähr könnte sich *Dante Alighieri* jenen Teil des *Inferno* vorgestellt haben, in dem die „Sünder aus Leidenschaft" ihre Strafe absitzen. Vor allem die Raucher mit einer Anlage zur Hypochondrie stehen dann vor der Entscheidung, ob sie dem Schicksal die Stirn bieten wollen oder die Sache doch irgendwann lieber einmal sein lassen.

Diese Warnungen haben ihren guten Grund, und es wäre deshalb leichtfertig, sich darüber lustig zu machen. Zwar ist es eher unwahrscheinlich, dass die Hersteller dieser Tabakwaren sich andauernd mitleidvoll den Kopf darüber zerbrechen, welche dieser Risiken ihre armen Raucher treffen werden. Aber sie wurden den Herstellern seit einigen Jahren europaweit auch im Wortlaut vorgeschrieben. Im Hinterkopf mag dabei auch der Gedanke eine Rolle spielen, dass sie sich damit nach Kräften vor einer Haftung für ihre Produkte schützen können, auch wenn hier zu Lande derzeit noch keine so geldschweren Prozesse bekannt geworden sind, wie in Amerika. Aber, wer weiß?

Ähnlich, wenn auch nicht ganz so dramatisch, lesen sich die Beipackzettel von Medikamenten aller Art. Aber auch bei ihrer Lektüre kann nicht nur der Hypochonder ins Zittern geraten. Nach einem kurzen Hinweis auf die – erhoffte – heilende Wirkung des Präparats beginnt die nicht enden wollende Liste der – möglichen – Nebenwirkungen. Man erfährt von Beschwerden mancherlei Art, von denen man bislang glücklicherweise verschont geblieben ist, die jetzt aber drohend am Horizont stehen. Und da beruhigt es auch wieder nur vorübergehend, wenn man erfährt, dass die Risiken immerhin gestaffelt sind – dass man also Gefahr läuft, ein Fall von hundert oder von zehntausend zu sein.

Natürlich sind es keine Poeten des Schreckens, die da am Werk sind. Es sind die eher lyrikfreien Juristen der Herstellerfirmen, die auf ihre Weise die Patienten aufklären – nicht nur, aber auch im Interesse ihrer Firmen. Denn wie unlängst das *Oberlandesgericht Karlsruhe* entschied, besteht keine Haftung für „bekannte, und bei Zulassung des Medikamentes als vertretbar angesehene Nebenwirkungen". Wer also die „Risiken und Nebenwirkungen" des Präparats kennt, trägt sie dann in eigener Verantwortung. Etwa so, wie der Raucher auch. Während aber ein echter Raucher am Risikohinweis vorbei ungerührt in die Packung hinein greift, gibt es Patienten, die nach dem Lesen des Beipackzettels die Packung mit einem Anflug von Gänsehaut wieder zu machen. Das kann freilich gefährlich sein: Denn meist hat das Präparat ja seinen guten Sinn, und seine Nebenwirkungen sind dann die dunkle Seite seiner Wirkung.

Ein Spötter sagte einmal, wenn man den frisch Geborenen einen Beipackzettel für das Leben in die Wiege legen würde, würden sie sich die Sache vielleicht noch einmal überlegen. Einmal angenommen, es würde einen solchen Beipackzettel geben, dann könnte vielleicht darin stehen: Du kannst – vielleicht! – erfolgreich leben, du kannst – vielleicht! – kerngesund bleiben, du kannst – vielleicht! – öfter mal glücklich sein, aber du wirst – bestimmt! – irgendwann einmal sterben. Was dann? Glücklicherweise kann der Säugling ja noch nicht lesen. Und damit das klar ist, lieber Spötter, wenn er das dann gelernt hat, gelingt es ihm meist, auch ohne Beipackzettel irgendwie mit dem Leben klarzukommen.

Risiken und Nebenwirkungen von Beipackzetteln? Auch der Beipackzettel für Medikamente könnte, von diesen Warnungen abgesehen, ruhig etwas mehr Ermutigendes für den Patienten enthalten. Das würde ihm – vielleicht! – Mut machen und beim Gesundwerden helfen. Und wie ist es mit den Warnungen vor dem Rauchen? Vielleicht könnte irgendwo auf den Packungen stehen: Wenn du schon rauchst, dann rauche wenigstens maßvoll, genussvoll und vernünftig – sonst kann einiges schiefgehen.

Einmal ganz allgemein gesehen: Ungefähr so könnte es ein Beipackzettel für das Leben insgesamt auch sagen. Und vielleicht könnte man dem neuen Erdenbürger auch einen Leitfaden mit auf den Weg geben, eine „Brille für das Augenmaß", für „Genuss ohne Reue". Und als „Mögliche Nebenwirkungen" könnte da stehen: „Vorsicht, Lebensfreude!" Denn es gilt die alte griechische Weiheit: „Alles in Maßen", sonst, wie gesagt, kann einiges schiefgehen. *Epikur* lässt grüßen.

Beipackzettel der Hoffnung

„Wo bleibt das Positive?" Diese Frage stellte *Erich Kästner* schon vor Jahrzehnten, und er ergänzte sie: „Ja, wo bleibt es denn?" Inzwischen hatten wir lange Zeit, über eine Antwort nachzudenken. So ganz genau wissen wir es ja bis heute nicht. Auch das vierjährige Mädchen nicht, das zur Mutter einmal sagte: „Denk' doch positiv!" „Ach so", sagte die Mutter, „weißt du eigentlich, was das Gegenteil von positiv ist?" Und nach kurzem Nachdenken sagte das Kind: „Genitiv!"

Jedenfalls lohnt es sich nach wie vor, über die Unterschiede nachzudenken. Diesmal über das alte Thema Beipackzettel für Medikamente. Wer sich den zur Hand nimmt, geht bekanntlich fast unter in einer Welt des Negativen. Niemand hätte bisher geahnt, welche Beschwernisse es auf dieser Welt gibt, die er sich allesamt zuziehen könnte, wenn er zu diesem Medikament greift. Nicht nur der praktizierende Hypochonder fühlt sich einer Ohnmacht nahe, wenn er mit dem Zeigefinger all diese Zeilen durchstöbert. Einfühlsame Ärzte raten ihren Patienten deshalb, diese Hiobsbotschaften auf keinen Fall zu lesen. „Das hilft Ihnen auch nicht weiter."

Warum aber stehen sie dann alle auf diesem Beipackzettel? Weil dann der Patient vor allem möglichen Unheil gewarnt ist. Und weil der Hersteller dann nicht haftet, wenn sie wirklich bei ihm eintreffen sollten – einerlei ob er den Zettel liest oder nicht. Wo aber bleibt der Genitiv, Verzeihung: Wo bleibt noch immer das Positive? Eine der wenigen positiven Botschaften auf dem Zettel ist der Satz, *wofür* das Mittel verwendet werden kann. Nein, nicht *wogegen* es wirkt, das wäre doch eine Hoffnung, für die der Hersteller dann vielleicht einstehen müsste.

Vielleicht könnte ein rechtspolitischer Vorschlag eine Antwort auf die Frage von *Erich Kästner* bieten: Der Beipackzettel sollte grundsätzlich positiv gestaltet werden, als Dokument der Hoffnung. Dann könnte der Patient endlich einmal erfahren, wogegen ihm das Mittel hilft, das er sich da gerade antun möchte: Es trägt zur Gesundung bei, lindert die Beschwerden, deretwegen er es einnimmt, hilft ihm bei Krankheiten, von denen er keine weiteren Einzelheiten wissen möchte, stärkt ihn ganz allgemein für jeden Lebenskampf und sichert ihm eine gute Zukunft. Es muss ja nicht das Versprechen der Unsterblichkeit sein, aber jedenfalls die Hoffnung, dass er diesmal davonkommen wird.

Ach ja, aber wenn ihm das nicht gelingt? Wenn es doch einmal so etwas geben würde, was so kaltherzig „Nebenwirkungen" heißt? Wer würde dann dafür geradestehen? Die Antwort ist doch einfach: „Zu Risiken und Nebenwirkungen fragen Sie Ihren Arzt oder Apotheker", so heißt es doch immer im Fernsehen, wenn man die guten Wirkungen der umworbenen Medikamente gezeigt bekam. Allerdings wird dieser Satz, wohl aus Gründen der Werbungskosten, immer so schnell ausgesprochen, dass man ihn kaum versteht. Vielleicht würden es Ärzte und Apotheker mit den Warnungen ebenso halten, und der Patient ginge hoffnungsvoll von dannen.

Also: Ein wohlfühlsamer Beipackzettel ist zwar nicht der Genitiv, aber er wäre dieses gesuchte Positive, und das Negative bliebe dem Arzt oder Apotheker überlassen – im Schnellgang der Sprache. Damit, Herr *Kästner,* wäre ihre Frage endlich einmal beantwortet.

„Wann soll mein Klient denn einbrechen?"

Räuber, Mörder, Kindsverderber gehen nur zu Doktor Sperber." Dies war der Werbespruch, von dem der berühmte Wiener Advokat am seinem Praxisschild träumte. Natürlich blieb dieser Traum unerfüllt, auch weil sich dieser Mann dann so manchen standesrechtlichen Ärger eingehandelt hätte. Dieser *Dr. Sperber* war, wie *Friedrich Torberg* dies sieht, ein Original unter den Wiener Advokaten – des Wiener Barreaus, wie es damals hieß. Auch wenn dieser *Dr. Sperber* aber das letzte Original dieser längst ausgestorbenen Spezies war: Dass die Kraft der Werbung längst auch von den heutigen Advokaten entdeckt worden ist, zeigt eine Kanzlei in einem nördlichen Teil Deutschlands. „Wenn Sie Ihren Urlaub lieber woanders verbringen wollen, buchen Sie uns", stand auf einem Großplakat vor einer Justizvollzugsanstalt. Es zeigte zwei gegensätzliche Bilder aus dem Strafvollzug: einen trostlosen Knastflur und das Bild einer eher romantischen entlegenen Gefängnisinsel. Der Werbetext: „Wenn Sie reif für die Insel sind, buchen Sie uns." Zwar war diese Werbung auf Kritik gestoßen, aber die dortige Anwaltskammer zeigte „keine Bedenken". Das Bild machte seine Karriere, und die umworbene Anwaltskanzlei die ihre.

Nein, so weit wie dieser *Dr. Sperber* wären die heutigen Anwälte sicher nicht gegangen. Ob ihnen aber vielleicht ein Einfall gekommen wäre wie diesem *Dr. Sperber* in einem Plädoyer für einen Einbrecher, der zwei Diebstähle begangen hatte: einen bei Nacht, und den anderen bei Tag? Dass er den einen „sogar bei Tageslicht" ausführte, legte ihm der Staatsanwalt als „besondere Frechheit" zur Last. Und im zweiten Fall die „besondere Tücke", mit der er sich „das Dunkel der Nacht" zunutze gemacht hatte. An dieser Stelle ertönte der laute Zwischenruf von *Dr. Sperber*: „Herr Staatsanwalt, wann, bitte, soll mein Klient eigentlich einbrechen?" „Der Gerichtssaal dröhnte vor Gelächter", wie *Friedrich Torberg* das schildert, und der Ausspruch wurde ein Zitat von langer Haltbarkeit.

Das war damals, und heute? In der Erinnerung ist *Dr. Sperber* nicht gestorben. Aber seine Zeiten sind längst ferne Vergangenheit. Ob solche Originale jemals wieder ihren Platz finden, im Gerichtssaal, oder sonst wo? Schaun' mer mal.

Vertrauen ist Vertrauenssache

„Können wir uns nicht auf ein Zeithonorar einigen?", fragte der Mandant den Strafverteidiger. „Das ist für mich irgendwie übersichtlicher." „Wie Sie wollen", sagte der Anwalt. „Das ist heute gar nicht mehr so selten." „Also, was schlagen Sie vor?", wollte der Mandant wissen. „Sagen wir einmal 250 Euro." „Für welche Zeit?" „Na, pro Stunde." „Ist ja recht viel Geld." „Wir können uns auch auf einen 15-Minuten-Takt einigen." „Und dann?" „Dann beträgt das Honorar ein Viertel." „Für jede Viertelstunde?" „Ja, natürlich." „Und wenn Sie einmal 20 Minuten lang an Fall arbeiten?" „Dann wird ein zweites Viertel fällig."

Der Mandant wollte noch wissen: „Was heißt da eigentlich arbeiten?" „Ich beschäftige mich mit Ihrem Fall." „Sie denken nach?" „Ja, und ich lese in Ihren Akten." „Und wenn Sie dabei an etwas anderes denken?" „Ein Anwalt lässt sich nicht so leicht ablenken." „Und wie kann ich nachprüfen, dass Sie wirklich für mich gedacht haben?" „Also", sagte der Anwalt mit einigem Pathos, „zwischen dem Anwalt und dem Mandanten besteht doch ein Vertrauensverhältnis". Der Mandant schrieb seinen Namen unter die Honorarvereinbarung.

Als er dann die Abrechnung erhielt, war er einigermaßen überrascht. Da war von 77,8 Stunden die Rede und von anderen Zeiteinheiten, die sich einfach so in kleinen Bruchstücken aneinanderreihten. Es kam zu einem Prozess, der auf verschlungenen Pfaden auch den *BGH* erreichte und den der Anwalt im Großen und Ganzen gewann. Und den Richtern ist in einem unwegsamen Gelände das Kunststück gelungen, den Grundsatz von Treu und Glauben zu einem Gebot der pekuniären Fairness umzuwandeln: Wie lange ein Anwalt nachdenken muss, bis er auf kluge Gedanken kommt, weiß auch er nicht genau im Voraus. Und die tickende Uhr beflügelt seine Phantasie nicht immer. Aber „angemessen" muss seine Arbeitszeit sein und seine Honorarforderung nicht „unerträglich" – und was das bedeutet, wissen auch die Richter nicht genau.

Beratungsgeheimnis her und hin: In einer der Instanzen sprach es sich im Haus herum, dass es nach der mündlichen Verhandlung zu einer temperamentvollen Debatte gekommen war. „Das ist doch ein Haufen Geld, das dieser Anwalt haben will", sagte einer der Richter. „Und keiner weiß so richtig, warum. Diese kuriose Sache mit der 15-Minuten-Arbeit, so etwas wie bezahlte Denkeinheiten." „Aber wenn er mit Erfolg nachgedacht hatte?", sagte sein Kollege. „Dann zahlt sich das doch aus, für seinen Mandanten." „Woher sollen wir das wissen?" „Na, dann gewinnt er doch den Prozess – manchmal." „Und wie ist das bei uns", sagte einer der Richter, der sich mit seinen selbstkritischen Überlegungen nicht nur Freunde gemacht hatte. „Wir müssen doch auch nicht nachweisen, was wir in jeder Viertelstunde gemacht haben, äh, gedacht haben", sagte er.

Das kam nicht gut an. „Was immer wir tun, wir geben uns doch alle Mühe – im Namen des Volkes." „Ja, das ist er doch, der kleine Unterschied: Wir bemühen uns „Im Namen des Volkes" um Gerechtigkeit, der Anwalt aber nur im Namen seines Mandanten."

„Also ich halte eine solche Vereinbarung nicht für sehr menschenfreundlich", sagte der Kritische. „Man darf doch einen Menschen bei seiner Arbeit nicht so an die Kandare legen – und schon gar nicht einen schöpferischen Juristen." In das Schmunzeln hinein, das sich jetzt einstellte, sagte er noch: „Vielleicht haben wir ja Glück, dass jedenfalls wir nicht vom Zeit-Honorar leben – sondern vom Streitwert." „Sagen wir mal etwas genauer: von unserem Gehalt." „Naja", sagte der Kritische, „da vertraut uns aber der Staat ganz schön."

Nach einem kurzen Stirnrunzeln in der Runde wurde die Beratung jetzt ein wenig allgemeiner. „Das ganze Rechtsleben ist doch genau das – Vertrauenssache: Man vertraut uns, dass wir der Gerechtigkeit zum Siege verhelfen – jedenfalls tut das die Partei, die gewinnt. Und auch dem Anwalt sollte sein Mandant vertrauen, dass er gewinnen will und seine Honorar-Zeit kaum mit dem Lösen von Kreuzworträtseln verbringt."

Nun nahte die Mittagszeit. Nach einem Rundblick sagte der Vorsitzende: „Also entscheiden wir in groben Zügen: Die Justiz ist, alles in allem, Vertrauenssache – und irgendwie gehören auch die Anwälte dazu." „Naja", sagte der Kritische, aber sein Seufzer fand im Kollegenkreis keine Beachtung.

Kein Urteil des Paris

Im historischen Rückblick hatte das erste *Rating* wohl im alten Griechenland stattgefunden. Dem schönen *Paris,* einem einst verstoßenen Herrschersohn, war die Aufgabe zugefallen, unter drei schönen Frauen die schönste herauszufinden und mit einem Preis und einem Apfel zu beglücken. Er erfüllte seine Aufgabe, vielleicht wie heute eine *Heidi Klum* die ihre. Seine Kandidatinnen – *Athene, Hera und Aphrodite* – waren von edelstem Geblüt. Und wie es mit uns Männern so ist, hätte er vielleicht zwischen den Dreien herumgeschwankt, wenn nicht die raffinierte *Aphrodite* ihn ihrerseits mit einem Preis bestochen hätte: Falls der Preis der Schönheit auf sie fallen sollte, versprach sie ihm die schöne *Helena,* die zwar noch irgendwie gebunden war, aber letztlich doch einnehmbar erschien. Die Rechnung ging auf – *Aphrodite* erhielt ihren Preis, und *Paris* den seinen. Dieses *Rating* hatte weltgeschichtliche Folgen: Wie jedermann weiß, kam es zum Kampf um Troja, es gab viele Opfer, und wie romantisch die Beziehung zwischen *Paris* und *Helena* letztlich wurde, ist in Einzelheiten nicht überliefert.

Warum diese kleine Geschichtsstunde? Ach ja, wegen der Bedeutung dieses *Ratings.* Offenbar war zu dieser Zeit nur eine Bestnote zu vergeben: Gewissermaßen das heutige *AAA.* Das verlangte einen glasklaren Blick vom „*ratingenden"* Richter – oder halt eine zugkräftige Bestechung. Hätte *Paris* nicht nur die Wahl unter den drei Schönheiten gehabt, sondern auch die Wahl beim heutigen *Rating* wäre der Welt vielleicht so einiges erspart geblieben. Vor allem aber gab es keine Kontrollinstanz, keine Rechtsmittel und auch keine Mediation, die vielleicht eine irgendwie diplomatische Lösung ermöglicht hätte.

Beim heutigen *Rating* haben wir es immerhin etwas weiter gebracht: Wir haben diese Leiter der gestaffelten Buchstaben, die so etwas wie eine differenzierte Gerechtigkeit anstreben sollen. Noch aber haben wir keine „letzte Instanz", die dem Urteil der *ersten* so etwas wie Weihe gibt. Nicht nur der europäischen Politik ist inzwischen bewusst geworden, dass hier wichtige Kontrollen fehlen. Wir sind seit einiger Zeit dabei, auch das *Rating* transparenter und für das Wirtschaftsleben sicherer zu machen. Daran sollten wir – rechtspolitisch – weiter arbeiten, Jeder Jurist weiß, wie subjektiv gesehen ein Urteilsspruch sein kann, vor allem natürlich, wenn es um so einen auslegungsbedürftigen Begriff wie weibliche Schönheit geht. Aber auch wenn beim heutigen *Rating* nur der schnöde Mammon im Spiel ist, müsste es klare Kriterien geben, die nachvollziehbar sind. Vorschläge gibt es inzwischen ja genug. Im trojanischen Krieg ging es ja nicht um eine Urteilsüberprüfung, es ging um jene *Helena,* den Preis, der mit dem Urteil verbunden war. Beim *Rating* geht es aber schlicht und einfach ums Geld, so einfach ist das. Und das müsste man doch irgendwie kritisch nachvollziehen können, bevor man sein *A-bewehrtes* Urteil fällt. Und auch für den „*Ramsch*" könnte sich ein diskreter Maßstab finden. Denn das unterscheidet diesen Bereich endgültig vom *Urteil des Paris:* Mit dem Wort „*Ramsch*" würde ein Gentleman, der *Paris* doch war, eine Frau niemals bewerten.

Nur – irgendeine Haftung für eine gänzlich verpatzte Beurteilung sollte es geben. Es muss ja nicht unbedingt jene „Staatshaftung" sein, die dieser *Paris* in Gang gesetzt hatte – ganze Stadt-Staaten mussten hier den Kopf hinhalten. Ganz so weit sollten wir dann doch nicht gehen.

Vorsicht! Menschen!

Die Jagd war zu Ende, die Beute nicht sehr groß, und nun saßen die Jäger in ihrem Stammlokal am runden Tisch. „Hoffentlich gibt es diesmal nicht wieder Ärger," sagte der eine. „Ärger, warum denn das?", wurde er gefragt. „Na, habt ihr es nicht gelesen, dieses Gerichtsurteil? Ich glaube, es war sogar der *Bundesgerichtshof*". „Urteile sind für mich keine besonders spannende Lektüre", sagte ein anderer. „Das hier betrifft uns aber doch ganz direkt. Da hat eine Frau gegen einen Jäger auf Schmerzensgeld geklagt, weil sie von ihrem Pferd gestürzt ist." „Was geht das *uns* an – uns Jäger?" „Na ja, sie hat gesagt, ihr Pferd hätte wegen eines Schusses gescheut, der von einem der Jäger stammte." „Na und? Wo gejagt wird, knallt's doch immer. Sollen wir vielleicht wieder mit Pfeil und Bogen jagen?" „Na, so doof war diese Frau nicht – mit ihren Argumenten. Sie hat vorgetragen, der Veranstalter der Jagd hätte seine, wie heißt das doch, seine Verkehrssicherungspflicht verletzt, weil es an den Wegen zum Jagdgebiet keine Hinweise oder Warnschilder gegeben habe."

„Vielleicht so: Vorsicht, ihr Menschen, hier kann es laut werden," sagte der Wortführer, um Ironie bemüht. Und dann fragte er: „Würdest du endlich einmal sagen, wie das Gericht entschieden hat!" „Also, die Frau ist abgeblitzt mit ihrer Klage. Wer eine solche Jagd macht, muss alles mögliche tun, damit niemand zu Schaden kommt, so ungefähr habe ich das verstanden. Aber irgendwelche Reiter vor Schussgeräuschen zu schützen, das muss er dann doch nicht. Denn ein allgemeines Gebot, andere nicht zu gefährden, wäre utopisch." Na prima für uns, sagte man in der Runde, Juristen sind doch nicht so lebensfremd, wie man manchmal meinen könnte. Und vielleicht ist auch mal ein Jäger darunter.

Jedenfalls fand dieses Urteil Beifall, und alle hoben ihre Gläser auf das Wohl der unsichtbaren Richter. Nun meldete sich der Mann mittleren Alters zu Wort, der sich manchmal an den Stammtisch der Jäger wagte, obwohl er selbst keiner war – als Zivilist, wie er sich schmunzelnd nannte. „Und wer denkt eigentlich an die armen Tiere da im Wald?" „Was willst du denn damit sagen?" wurde er gefragt. „Also, es geht doch um Schilder und Warnhinweise – für die Menschen. Warum gibt es denn solche Dinge nicht für die Tiere – für Rehe und Wildschweine, und was sonst dort noch kreuzt und fleucht. Damit sie sich schützen können, wenn geknallt wird – wegen ihnen?"

Die Runde sah ihn entgeistert an: „Du denkst da an Schilder wie: Vorsicht Schüsse! Ein weiterer Aufenthalt könnte lebensgefährlich werden!" „Du hast es erfasst! So ungefähr jedenfalls. Die Tiere sind doch sonst in ihrem eigenen Wald mindestens so ahnungslos wie diese Reiterin!" Und dann legte er noch einen drauf: „Wenn doch dauernd Menschen vor Tieren gewarnt werden – Vorsicht bissiger Hund oder so – sollten dann in dieser Welt nicht auch Tiere vor den Menschen gewarnt werden?".

Jetzt meldete sich einer zu Wort, der sich den Ruf zugezogen hatte, für Satire empfänglich zu sein. „Ich greife diese Idee auf und werde einen befreundeten Anwalt bitten, eine Sammelklage für Waldtiere einzureichen, die sich gefährdet fühlen durch die Menschen. Und schau'n wir 'mal, wie weit er damit kommt." „So ein Quatsch gehört eigentlich nicht zu so einem ernsten Thema," sagte der Wortführer. Und dann einlenkend: „Vielleicht würden die Richter ja ein neues Grundsatzurteil fällen und in Fortführung ihrer Rechtsprechung sagen: Es wäre eine Utopie, wenn *alle* gezwungen wären, *alle* vor allen möglichen Gefahren zu warnen. Das gilt für alles was lebt – für Menschen und Tiere. Im Namen des Volkes – und damit basta!"

Die „Gebrechen der Justiz"

Im Wege der Amtshilfe durch einen Nachrichtendienst wurde der *Zeitschrift für Rechtspolitik* eine Kassette zugespielt, die ein getreues Spiegelbild mancher Verhältnisse in der Justiz zeigt. Wenn auch manche Erkenntnisse dem aufmerksamen Betrachter bekannt vorkommen mögen, haben wir uns entschlossen, die Datei zu veröffentlichen, da darin auch manche Missstände schonungslos entlarvt werden. Anders als im täglichen Journalismus üblich, wollen wir allerdings mit dem Positiven beginnen, das von *Erich Kästner* ja einmal so dringlich eingefordert wurde.

Im Vergleich mit manchen empirischen Umfragen werden die Richter bemerkenswert positiv eingeschätzt: Im *Ranking* anderer Professionen werden sie sogar als die „Weisesten" und „Gerechtesten" bezeichnet, als „willige, tüchtige und arbeitsame Männer".

Differenzierter ist aber das Bild ihrer Arbeitsleistungen: So meinen viele der Befragten, dass Richter „frisch" wegarbeiten, „was kurz abgetan werden muss" oder was „sonst leicht beurteilt werden kann". Als durchaus bedrückend wurde allerdings herausgefunden, dass an manchen Orten die Akten „ins Unermessliche angewachsen waren". Als einer der Gründe wurde herausgefunden, dass viele Prozessierende den „Lebenshauch ihrer Hoffnungen immer noch einen Augenblick verlängern wollen". In der Praxis bedeutet dies aber, dass die Revisionsgerichte als Hoffnungsträger missbraucht werden, um diesen „Hauch" am Leben zu erhalten – genauer gesagt, den Prozess durch die Instanzen zu verschleppen.

Als Zeichen für das differenzierte Denken der Befragten kann gelten, dass als Ursachen für die „Gebrechen der Justiz" eine „erste, einzige Quelle" verantwortlich gemacht wird: Die „geringe Personenzahl" der Mitarbeiter der Justiz. Darin liegt zugleich, wie das viele Befragte sehen, der „erste und ewige Grundmangel" der Justiz: „Zu einem großen Zwecke" dem der Rechtspflege, „werden unzulängliche Mittel angewendet". Vor allem die Zahl der Assessoren erscheint vielen als „zu klein". In einem Gerichtsbezirk sollten unlängst 50 Assessoren eingestellt werden, aber dann begnügte man sich mit der Hälfte, „weil der Aufwand zu groß schien". Wie leicht aber hätte man, so die Meinung vieler Befragter, „das Doppelte herbeigeschafft".

Gespür für die machtbeschränkende Kontrolle der Justiz zeigte sich in der skeptischen Beurteilung, welches Interesse die Exekutive daran haben sollte, die Justiz mit Geldmitteln gut auszurüsten, „da sie mehr wider als für sie zu wirken schien". Wenn dies auch nicht direkt ausgesprochen wurde, liegt der Gedanke nah, dass damit an die Rolle des *BVerfG* gedacht wurde, das gerade in jüngerer Zeit so manches mühevoll ausgehandelte Gesetz kassiert hatte.

Obwohl die Unabhängigkeit der dritten Gewalt den meisten Befragten durchaus klar war, verlangten nicht wenige dennoch eine visitatorische Kontrolle. Es wurde davon gesprochen, dass „einige Assessoren" bei einer solchen Kontrolle bei persönlichen, schwerwiegenden Fehlleisten ertappt worden waren. Dieser Teil der Kassette bedarf allerdings noch der eingehenden Auswertung.

Wenn es dazu kommen sollte. Denn neue Recherchen der Dienste haben ergeben, dass die Unterlagen, für die allerdings kein Geld bezahlt worden war, alt sind. Es handelt sich um Auszüge aus den Lebenserinnerungen *Johann Wolfgang von Goethes* – aus „*Dichtung und Wahrheit*" also – die der Dichter vor langer Zeit geschrieben hat, und in denen er auch seine Erfahrungen als Jurist beim *Reichskammergericht* in Wetzlar vor dem Leser ausbreitet.

Eheliche Pflichten, und so

Nein, eine Scherzmeldung ist das nicht, wenn man der Zeitung trauen kann, sondern eine Nachricht, die wie ein Scherz anmutet: In Malaysia wurde ein Klub ins Leben gerufen, der die Ehen – noch – glücklicher machen soll: *„Der Klub der gehorsamen Frauen"*. Der Verein will Ehefrauen Tipps geben, damit sie ihre ehelichen Pflichten „wie eine erstklassige Prostituierte oder noch besser erfüllen können". Auch wenn man alle männlichen Phantasien einmal beiseite lässt, reibt man sich doch ein wenig die Augen.

„Eheliche Pflichten", da war doch einmal etwas, auch in Deutschland. Da musste der *BGH* darüber entscheiden, ob eine Frau diese „Pflichten" auch dann erfüllt, wenn sie, wie der Mann dies vor Gericht vortrug, sich im Bett oder sonst wo so benahm, als würde sie dabei eine Zeitung lesen. Die Ehe wurde geschieden, und man darf raten, wer die Schuld an der Zerrüttung trug. Man schrieb das Jahr 1966, und die damaligen Bundesrichter sprachen dem Ehemann aus dem Herzen, wenn sie sagten, der Mann könne sich „auf Dauer (nicht) mit der bloßen Triebstillung begnügen, ohne davon berührt zu werden, was der andere dabei empfindet". Das mag auch heute durchaus noch seine Richtigkeit haben – aber sicher würden die Richter dieses Urteil etwas knapper, vielleicht auch literarischer formulieren.

Zeitung lesen, so eine kleine Beobachtung, ist eine wichtige Beschäftigung im Alltag. Aber dazu bedarf es einer Ehe nicht. Natürlich gibt es genügend Ehepaare, die etwa am Frühstückstisch Zeitung lesen – aber irgendwie getrennt-gemeinsam. Und wenn sie dann miteinander erwartungsvoll im Bett liegen, stört eine Zeitung doch beträchtlich ihr Eheleben. Schon gut, dass ein gelangweilter Ehepartner heute solche Details nicht mehr in der Scheidungsklage auftischen muss. Eine Ehe kann auch weniger wortreich geschieden werden, und dann können die beiden getrennten Leute mit neuen Partnern wieder ihre Zeitung lesen – wann auch immer, jedenfalls nicht *dabei*, aber *danach*.

Ein „Klub der gehorsamen Ehefrauen" wäre hierzulande so etwas wie eine Nummer im Karneval. Und wenn irgendeine Feministin jetzt im Zuge der Gleichberechtigung auf die Idee käme, einen *„Klub der gehorsamen Ehemänner"* ins Leben zu rufen, wäre dies, einmal geschwollen gesagt, *redundant*. Denn den Frauen ist es doch längst gelungen, ihre

Ehemänner „gehorsam" zu machen, damit sie wenigstens *tagsüber* ihre „ehelichen Pflichten erfüllen" mit all den Stichwörtern, die sich in den einschlägigen Kommentaren finden. Und was sonst noch?

Vielleicht könnte man dem § BGB § 1353 BGB ja einen kleinen Satz hinzufügen: „Die Ehepartner sollen sich bemühen, miteinander möglichst glücklich zu sein." Dann wäre auch die „Lebensgemeinschaft" im Ehebett vielleicht gesichert – so gut dies halt geht, wenn sich Gefühle in Paragrafen hinein verirren. Und das Zeitunglesen hätte seine Zeit – wie alles im Leben.

Und mich fragt keiner

Jetzt weiß ich, warum mein Herrchen gestern Abend so fröhlich war. Erst hat er mir ein paar Leckerlis gegeben, und dann hat er mir so einiges erzählt. Er hätte einen Prozess gewonnen, hat er mir gesagt, und ich sei darin die Hauptperson gewesen. Und dass ich jetzt immer bei ihm zu Hause sein kann. Das habe ich zwar verstanden, aber das war doch bisher schon so, und weshalb war er jetzt auf einmal so quietschvergnügt? Ach so, wegen des Gerichtsurteils! Während ich neben ihm im Sessel lag, hat er mir so einiges erzählt. Verstanden habe ich fast nichts. Diese Juristen, von denen das Urteil stammt, sprechen so, dass man als armer Hund einfach nicht mitkommt.

Aber dass mein Herrchen und mein Frauchen irgendwie nicht miteinander klargekommen sind, das habe ich schon lange gemerkt. Als Hund spürt man einfach, wenn es zwischen den Menschen knistert.

Irgendwann ist dann mein Frauchen ausgezogen – mir hat das Leid getan. Das Herrchen ist mir geblieben, und mit den Leckerlis von ihm komme ich auch klar. Das Frauchen fehlt mir aber doch. Sie war auf andere Weise lieb zu mir, nicht nur beim Schmusen. Und jetzt verlangt sie vom Gericht, dass ich wieder mit ihr zusammen sein soll. Nur – das Herrchen will das nicht.

Die beiden haben ja nie viel miteinander reden können, eher streiten, und jetzt streiten sie vor dem *OLG Hamm* um mich. Zweimal in der Woche, immer dienstags und freitags, will Frauchen sechs Stunden mit mir zusammensein – nein, „nutzen" will sie mich, wie es in der Gerichtsentscheidung heißt. Und das Herrchen will das nicht, weil er sagt, ich soll bei ihm bleiben. *Mich* hat keiner gefragt, auch die Richter nicht, die jetzt dem Herrchen Recht gegeben haben. Ich darf bei ihm bleiben – oder ich *muss* bei ihm bleiben, obwohl ich ihr Kraulen sehr vermisse.

Also, die Menschen sind doch seltsame Wesen: Die lassen Richter darüber entscheiden, was in einem Hund so vor sich geht und wo seine Heimat ist. Ich hätte so einiges zu bellen gehabt, wenn sie mich gefragt hätten. Aber ich kam ja nicht zu Wort.

Übrigens „*Wort*": Was die für unlebendige Worte gebrauchen, die Juristen, wenn es ums *Leben* geht. Zwar sind wir Hunde keine „Sachen", hat mir mein Herrchen aus dem Urteil vorgelesen, aber wir gehören zum „Hausrat". Und dieser „Hausrat" soll, so will es das Gesetz, zwischen den

Eheleuten „*endgültig*" verteilt werden, und nicht nur immer am Dienstag und Freitag für ein paar Stunden. Denn so ein Zusammensein mit einem Tier wäre eine „zeitlich begrenzte Nutzungsregelung", und dafür sind wir Hunde dann doch nicht geschaffen. Zu meiner Erleichterung zählen uns die Richter wenigstens nicht zu den „Sachen", obwohl wir doch „Hausrat" sind, und deshalb eigentlich so etwas wie „bewegliche Sachen". Hallo, und *wie* beweglich! Und dann wollte mein Frauchen wenigstens so etwas wie ein „Umgangsrecht" mit mir haben, aber auch damit kam sie beim Gericht nicht an: „Umgangsrechte", die gibt es beim Streit um ein gemeinsames Kind, um dessen „Wohl" es dabei geht, und nicht um die „Befriedigung emotionaler Bedürfnisse im Verhältnis von zwei sich trennenden Partnern zu einem gemeinsam gehaltenen Hund".

Und wie ist es mit *meinen* „emotionalen Bedürfnissen", wer kümmert sich um die? Also ganz vergessen haben diese Richter mich dann doch nicht. Denn am Ende des Urteils sagen sie, dass es „den Beteiligten unbenommen ist, im Interesse des Tieres eine andere Vereinbarung zu treffen." Also, als Hund sehe ich daran, dass auch Juristen doch so etwas wie Menschen sind.

Gerichtstracht im Ausland

Was waren das für Zeiten, als die Kleiderordnung im Leben eines Menschen noch eine große Rolle spielte. Von einer gesellschaftlich hoch angesiedelten Familie wird berichtet, wie damals die Bewerber um eine der Töchter „zensiert" wurden. Der Vater lud den jungen Mann zum Abendessen ein, und auch der Bruder der *„incoming"* Braut beobachtete ihn mit Argusaugen, wie er beim Essen in hilfloser Befangenheit mit seinem Besteck hantierte. Das Urteil nach seinem Abschied war vernichtend: „*Er* isst nicht wie wir, er denkt nicht wie wir, und er zieht sich nicht so an, wie es sich gehört." Das Urteil war gesprochen, Rechtsmittel nicht zugelassen, schon gar nicht von der Tochter.

Weshalb dieser Rückblick auf längst vergangene Tage? Weil jetzt von einer Kleiderordnung zu lesen war, die die Anwaltschaft betrifft: Rechtsanwälte, die im europäischen Ausland auftreten, „müssen die jeweils vor Ort vorgeschriebene Robe tragen", so ist in einer Zeitung zu lesen. „Robenzwang im Ausland", so die Überschrift der Meldung, die wiedergibt, was der Brüsseler Binnenmarktkommissar *Michel Barnier auf* die Anfrage eines Abgeordneten im Europaparlament geantwortet hatte.

So etwas wie eine europäische Kleiderordnung also, jedenfalls für Anwälte im Dienst. Da staunt der Fachmann und der Laie wundert sich: Müssen jetzt die deutschen Anwälte ihre schlichte Robe im Schrank lassen und sich so einige der Gewänder erwerben, die zeigen, wie ernst das Schauspiel vor Gericht dort noch immer genommen wird: In Italien etwa oder in Frankreich, wo es sich bis heute in den durchaus nicht wohlwollenden Zeichnungen von *Honoré Daumier* spiegelt. Oder in England, wo in Filmen immer wieder deutlich wird, wie *old fashioned* das Gerichtsleben bis heute ist.

Hierzulande hat sich der „Garderobenzwang" im Gerichtssaal eher gelockert: Es war sogar einmal von einem Anwalt zu lesen, der seine Robe einfach vergessen hatte und auf den fragenden Blick des Richters sagte: „Robe nachzureichen versprechend." Das Schmunzeln machte die Runde.

Aber zurück ins Ausland: „Perücke nachzureichen versprechend" – könnte man so einfach ein englisches Gericht besänftigen? Und könnte man in Frankreich auf Verständnis hoffen, wenn man den Hermelin-Kragen „nachzureichen" verspricht?

Bevor man jetzt an so etwas wie einen „justiziellen Kostümverleih" denkt, kann eine Antwort aus Anwaltskreisen in Brüssel beruhigen. Nein, die „Regelung der Robenpflicht (ist) den Mitgliedsländern vorbehalten" und dem deutschen Anwalt bleibt deshalb wohl nur sein schlichtes „Schwarz". Nichts mit Hermelin und Perücke also, obwohl mancher im Kreise seiner Familie vielleicht gedacht hätte, dass er auf diese Weise ganz gerne einmal damit Staat gemacht hätte – wenigstens im Ausland.

Und die am Anfang gezeichnete Szene könnte vor einem ausländischen Gericht dann etwa so aussehen: „Wie du isst", mögen sich die Richter sagen, „interessiert uns nicht. Über das, was du denkst, werden wir uns in der Beratung unsere Gedanken machen. Und anziehen kannst du dich bei uns so, wie es sich bei dir zu Hause gehört." Und *hier,* bei uns? Da können sich die Anwälte aus anderen europäischen Ländern im Gerichtssaal wohl anziehen, wie es sich bei *ihnen* zu Hause gehört. Also, die Rechtswelt wird bunter.

„Grundordnung des gezügelten Lasters"

Es war auf einer märchenhaften Insel, unter blauem Himmel und von Meer umspült, in irgendeiner guten, alten Zeit. Die Menschen in ihrer überschaubaren Zahl lebten friedlich miteinander, gesellig und den Genüssen des Lebens zugetan. Wer Lust hatte, rauchte, wer Durst hatte, trank, und wer (eine andere) Lust hatte, der liebte. Man nahm Rücksicht aufeinander: Die Raucher rauchten so, dass sie die anderem nicht zu Mitrauchern machten. Die Trinker tranken so, dass sie das Lokal aufrechten Ganges verlassen konnten. Und was die Liebenden machten, war ihre Sache. Alle waren miteinander zufrieden.

Bis eines Tages der Wortführer am Stammtisch die Nase rümpfte und sagte: „Mir gefällt es nicht, dass ihr hier raucht. Der Rauch schmeckt mir einfach nicht. Und wisst ihr eigentlich, wie meine Jacke abends riecht?" Nein, sie wussten es nicht, die alte Mannschaft. Aber er war einer von ihnen und gehörte zur alten Mannschaft. „Und die Gesundheit", sagte er noch, „wisst ihr eigentlich, was ihr euch da antut, euren Lungen, und unseren?" Sie hatten es zwar irgendwie geahnt, aber wer weiß schon etwas genau? Also begannen sie darauf zu achten, wie oft sie sich räuspern mussten, und eines Abends sagte der eine zum anderen: „Dein Husten klingt irgendwie verdächtig!"

Also verschwanden die Aschenbecher vom Tisch, niemand wagte es fortan, am Stammtisch zur Zigarette zu greifen, und wem dennoch danach zu Mute war, der ging hinaus vor die Tür. Bis dann ein anderer nach draußen kam und sagte: „Wisst ihr denn nicht, wie euer Rauch hier hinein stinkt? Das kann ja kein Mensch ertragen!" Und weil er am Stammtisch auch so etwas wie ein Wortführer war, drückten die anderen verlegen ihre Zigaretten an der Schuhsole aus und lebten fortan gänzlich rauchfrei.

Aber was noch immer schmeckte am Stammtisch, war das Bier und das Schnäpsle danach, und vor allem dieser im Glase funkelnde Rotwein. „Wisst ihr eigentlich, wie gefährlich dieser Alkohol ist?" fragte der Wortführer eines Tages. „Was ihr eurer Leber damit antut und euren anderen Innereien. Und auch da oben", sagte er und klopfte sich an den Kopf, „wird man auf die Dauer nicht schlauer." Jetzt sahen alle betreten unter den Tisch, und nur einer von der Gruppe wagte zu sagen: „Und was machen wir dann, so ganz ohne unser Bierchen?" Der Wortführer aber setzte sich durch, und von nun an saß man vor Gläsern mit Fruchtsaft oder Mineralwasser oder wagte sich an irgendein alkoholfreies Bier. Aber man saß eher schweigsam zusammen.

Worüber aber sollte man schweigen? Das, was früher die Geselligkeit ausmachte, war verflogen. Und alles, was sie früher so gesellig gemacht hatte, klang jetzt „rauchfrei" und „alkoholfrei" so sehr nüchtern. Und nur wenn des abends einige der Ehefrauen auftauchten, gab es am Stammtisch den kleinen „Kick". Man nahm sich zur Begrüßung fest in die Arme, es gab – nicht bei allen – diese Luftküsschen in verschiedene Himmelsrichtungen, und man war, alles in allem, zufrieden miteinander. Bis der Wortführer im „frauenfreien" Teil des Abends zur Runde sagte: „Ich finde diese Schmuserei doch unschicklich. Fremde Frauen anfassen? Distanz ist das, was die Gesellschaft ausmacht!"

Da aber regte sich Widerspruch am Stammtisch. „Distanz, hihi, keine Zigaretten, kein Alkohol und jetzt auch das noch. Flirtfrei, vielleicht? Jetzt spinnst du aber wirklich!" Und man begann, über den allmählichen Zerfall des Stammtischs nachzudenken. Verflogen war die Leichtigkeit der Gespräche, geblieben war so etwas wie Distanz.

Nun setzte sich der epikureische Teil des Stammtischs zusammen und entwarf eine *„Antifundamentalistische Grundordnung des gezügelten Lasters"*. „Jeder hat das Recht, möglichst glücklich zu sein", sagte der eine, der einmal in der amerikanischen Unabhängigkeitserklärung gelesen hatte. Und er ergänzte: „Natürlich darf er aber dem anderen nicht *sein* Glück vermiesen." Bis daher herrschte Einigkeit am Tisch. „Was aber", fragte jemand, „wenn die beiden Glücke einfach nicht zusammenpassen?" „Dann halten wir es mit der Straßenverkehrsordnung", sagte ein anderer. „Man muss Rücksicht nehmen aufeinander. Und nur, wenn es beim besten Willen nicht möglich ist, beide Interessen unter einen Hut zu bringen, dann muss einer von beiden halt zurückstecken."

Und dann zündete sich der eine endlich wieder einmal eine Zigarette an, nachdem er gefragt hatte, ob er am Stammtisch jemanden störe. Und ein anderer bestellte eine Runde Rotwein auf seine Kosten, ohne viel zu fragen. Und als, wie immer, einige Ehefrauen am Tisch auftauchten, nahm man einander kräftig in die Arme, und wenn man nur fest genug drückte, bedurfte es auch nicht mehr dieser „Bussi Bussi".

Einer blickte allerdings nachdenklich vor sich hin. „Was bitte ist, wenn es einmal Streit darüber gibt, ob das eine Glück wirklich nicht zum anderen passen will." Die Runde schwieg einen Augenblick, und dann sagte der eine: „Darüber sollen sich die Gerichte den Kopf zerbrechen. Wofür haben wir sie denn, unsere Richter?"

Seitdem leben die Menschen auf dieser fernen, märchenhaften Insel wieder freundlich miteinander, sinnesfroh den Freuden des Lebens zugetan, aber mit Augenmaß für das gezügelte Laster. Und niemanden stört es, dass er dabei Rücksicht auf den anderen nehmen muss. Bis dann eines Abends ein neuer Wortführer am Stammtisch ans Glas klopfte und sagte: „Was mir hier seit einiger Zeit ganz und gar nicht gefällt, ist ..."
Aber das ist wieder eine andere Geschichte.

Kein Rohrstock für den Richter

Die Sache eignet sich gut zum Vergleich, sagte der Richter, nachdem er sich so einiges Donnerwetter über den streitenden Parteien erlaubt hatte. Nicht vom vielen Reden, vom „Schweigen" war die Rede, das in ihrer Lage besser wäre, ja sogar von einem „Klugschwätzer", der sich seine Worte besser ersparen sollte. Einmal auch davon, dass man endlich mit der leidigen Sache zum Schluss kommen sollte, der Richter wolle zum Mittagessen.

Aber halt, nein, hier wird etwas verwechselt: Die erste Szene stammt aus *Heinrich von Kleists* „Zerbrochenem Krug", der Blick auf das ersehnte Mittagessen aus einer Gerichtsverhandlung vor dem *LAG Niedersachsen*. Und wenn diese beiden Fälle natürlich auch in keiner Weise miteinander vergleichbar sind, so erinnert immerhin der ungewöhnlich ruppige Ton, in dem da zwei Richter mit den vor ihnen stehenden Parteien umgegangen sind, an die Verteilung der Macht im Gerichtssaal.

„Seien Sie vernünftig", so hatte der dortige Richter gesagt, „sonst müssen wir Sie zum Vergleich prügeln". Und dann im selben Tonfall: „Ich reiße Ihnen sonst den Kopf ab". Und weiter: „Sie werden sonst an die Wand gestellt und erschossen". Und dann die Erklärung für die vorgeschlagene Schnellstraße zur Rechtsfindung: „Stimmen Sie dem jetzt endlich zu, ich will Mittagessen gehen": Guten Appetit, Herr Richter.

Damit verglichen klingt die Sprache des Dorfrichters *Adam* bisweilen fast versöhnlich. Um den für ihn äußerst unerfreulichen Prozess zu einem für ihn günstigen Ende zu bringen, lässt er sich sogar zu einigen Schmeicheleien hinreißen. Da wird, neben harschen Angriffen gegen die unliebsamen Beteiligten, die Hauptzeugin auch mit „Herzelchen" angesprochen, einmal „fleht" er sie sogar an, dann ist vom „lieben Gott" die Rede, und beinahe fürsorglich wird der Gerichtsrat *Walter* gefragt, ob ihn die lange Verhandlung nicht ermüde – und dann gibt es eine Pause mit Wein und einem Stück „Käs' aus Limburg", weniger weil dem Richter *Adam* danach zumute ist, sondern weil der Herr Gerichtsrat sich entspannen möchte. Aber dieser Text stammt ja von einem großen Dichter, während der Richter am *LAG* höchst unpoetisch an seine Kantine denkt. Dem Ansehen der Justiz und dem Ansehen ihrer Akteure hat dieser Richter ganz sicher so einigen Schaden zugefügt.

Hoffentlich aber nicht zugleich auch dem Gedanken des fairen Vergleichs am Ende eines Gerichtsverfahrens, dem Ausgleich der Interessen streitender Parteien, dem Gedanken der Mediation, die jetzt zum Gegenstand eines neuen Gesetzes geworden ist, das aber dem Richter keinen Rohrstock in die Hand geben will. So ist es nicht gemeint, wenn die Justizministerin sagt, dass damit die Chance gegeben werden soll, Konflikte auf friedliche Weise wirklich zu lösen und nicht nur zu entscheiden. So ist auch das bisherige Prozessverständnis nicht gedacht, das die Richter ganz allgemein dazu ermuntern soll, die Parteien zur Bereitschaft für einen Vergleich anzuregen, wenn er sich besser für ihren „Rechtsfrieden" eignet als ein staatliches Urteil. Ganz und gar können solche richterlichen Donnerschläge, die vom *BAG* inzwischen als „widerrechtliche Drohungen" eingestuft wurden, nicht zur Regieführung für den strafrechtlichen Deal gemacht werden, wenn es dort um Absprachen für ein Urteil geht, das schließlich von allen Seiten akzeptiert wird.

Wie man weiß, endete der Prozess vor dem Dorfrichter nicht mit einem Vergleich, und für *Adam* war er alles andere als karrierefördernd. Immerhin hatte der Gerichtsrat bei *Kleist* dafür gesorgt, dass der Entflohene wieder zurückgeholt wurde – wie auch immer es mit ihm dann weiterging. So dramatisch war das Ende des Verfahrens in Lüneburg nicht, und jedenfalls war das Mittagessen, das dieser Richter zu sich nahm, keine Henkersmahlzeit. Was immer aber an diesem Tag in der Kantine aufgetischt wurde, es hatte weit mehr als ein „Gschmäckle". Eine „disziplinarrechtliche Wiederherstellung der Würde des Gerichts" wurde inzwischen gefordert.

Recht auf den Nachklang

Da sitzen sie, auf den dünnen Drähten zwischen den Pfeilern der Stromleitung, die Vögel in ihren leuchtenden Farben, hüpfen auf und ab, wie lebendige Musiknoten und zwitschern ihre Lieder in die klare Luft. Da liegen die kleinen Kätzchen in ihrem Korb, und das rundliche Walross reibt sich die dunklen Barthaare. Es sind Bilder von Ruhe und Frieden, Bilder, die den Betrachter mit seinen Gefühlen friedlich allein lassen. Bilder auch, in denen die Gefühle ausklingen können, die in der letzten Stunde in ihm in Schwung gekommen waren. Bilder des Nachklangs, wie der Schlussakkord in einer Klaviersonate. Es geht um die gefühlige Ruhezeit, die den Zuschauern am Fernsehen jedenfalls in den dritten Programmen einstmals vergönnt war – in grauer, medialer Vorzeit, als der Kampf um die Quote, der erbarmungslose Wettbewerb zwischen den „Privaten" und den „Öffentlichen" noch nicht entbrannt war. Man hatte einen Spielfilm gesehen, einen Dokumentarfilm oder eine dieser Sendungen, wo heimatlich kostümierte Musikanten ihren Zuschauern wieder einmal klarmachten, wie harmonisch die Welt doch eigentlich sein kann.

Tempi passati, Märchen aus uralter Zeit. Inzwischen wird der Zuschauer, kaum dass die letzten Bilder und Töne verklungen sind, von einer wahren Flut neuer Bilder und Töne überfallen, die ihm klarmachen sollen, was er alles verpassen würde, wenn er nicht bei diesem Sender am Ball bleiben sollte: Morgen zwei markante Mordfälle, übermorgen ein dramatisches Sportereignis und am folgenden Tag ... Aber auf keinen Fall dürfe er die jetzt folgende Sendung verpassen, in der es, wenn auch nicht um Mord und Totschlag, sondern um andere, packende Dinge geht. Und so wird sich der folgsame Zuschauer nur mit schlechtem Gewissen erlauben, den längst fälligen Toilettengang zu unternehmen oder im Eisschrank nachzusehen, wie es um den Vorrat an Bier bestellt ist. Dranbleiben ist alles – denn sonst wäre man ja nicht dabei. Dieser Lassowurf nach dem Zuschauer, nach dem Quotenbringer, ist von den privaten Sendern erfunden worden, deren Werbekunden ja wissen wollen, wofür sie das Geld ausgeben, das sich ja lohnen soll. Längst haben aber auch „die Öffentlichen" die Unsitte übernommen, ihre Zuschauer mit Anreißern voll zu dröhnen und davon Abschied genommen, ihre Empfindungen in einem ruhigen Nachspann ausklingen zu lassen. Auch ihre Sendungen stolpern oft übereinander – atemlos wird der eben noch gebannte Zuschauer in die nächste Sendung hineingehetzt, wie ein Gast im Restaurant, dem schon der nächste Gang des Menüs auf den Tisch gestellt wird, bevor er den vorherigen angemessen „verdaut" hat. Da sehnt sich so mancher nach dem beschaulichen Bild mit den Vögeln zurück, den kleinen Kätzchen und dem Walross. Aber auch hier wird aus Vergangenheit kaum jemals wieder Gegenwart werden – die „Zwänge des Marktes" sind es, die dem Genussbedürfnis eines medialen Epikureers entgegenstehen. Und durch *Trailer* ersetzte „Vergangenheit" sind auch die – Entschuldigung – meist blonden Ansagerinnen, die ihren „lieben Zuschauerinnen und Zuschauern" von Mensch zu Mensch erklärten, was sie in der folgenden Sendung sehen werden. Wer könnte da „nein" sagen?

Was hat dieser Stoßseufzer in einer Zeitschrift zu suchen, die sich mit dem Recht befasst? Nun, wir haben gerade Karnevalszeit, und das erlaubt vielleicht einen ungewöhnlichen, rechtspolitischen Vorschlag: Erwägenswert wäre eine Vorschrift, die im OWi-Gesetz das Gemüt des geruhsamen Fernsehzuschauers schützen würde. Ordnungswidrig handelt, so ungefähr könnte sie lauten, wer Sendungen aufeinanderprallen lässt, ohne dem Zuschauer eine Ruhepause für sein Innenleben zu vergönnen. Und zivilrechtlich könnte ein Anspruch auf Schmerzensgeld erwogen werden, wenn die Programmhektik auf dem Bildschirm ihn um jenes Erlebnis bringt, das einen Fernsehabend sinnvoll macht: Den „Genuss ohne Reue", mit einer Atempause für einen Nachklang, bevor der folgende Beitrag mit dem Hammer eingeläutet wird. Einmal kurz und bündig gesagt: Wenn im Fernsehen der *Coitus Interruptus* zum Dauerzustand gemacht wird.

Aber halt!, da fällt uns gerade ein, dass es am handlichen Fernsehschalter doch diese *Aus-Taste* gibt. Und weil diese Notbremse dem Zuschauer vieles erspart, ziehen wir den Gesetzesvorschlag lieber zurück. Überflüssige Gesetze sind doch genau das – überflüssig. Auch in der Karnevalszeit.

Bürger-Wut, Bürger-Mut

In dem kleinen, idyllischen Städtchen an den Hängen des Schwarzwalds gab es etwas, was unbedingt verbessert werden sollte: Die „Hauptstraße", die sich zwischen den gemütlichen Fassaden der Häuser dahin schlängelt. Sie ist die Einkaufsstraße, wo sich Optiker, urige Gaststätten und Kleiderläden und so manches andere aufreihen – ach ja, und dann noch der Spielsalon mit seiner neuen Glasfassade. Aber diese Straße hat einen Nachteil: Das Einkaufen war ein Eiertanz unter den Fußgängern, die sich auf dem schmalen Bürgersteig ungewollt in die Arme liefen – vom Einkaufs-Bummel keine Rede.

Also wurde sie ausgebaut. Die Bagger rollten an und eine Armee von Straßenarbeitern schuftete bis in die Abendstunden. Die Geschäftsleute hatten Zeit zum „Zugucke", denn die Reihe der Kunden, die an der Bordsteinkante entlang tänzelten, hatte sich weiter ausgedünnt. Aber dem heimischen Gewerbe war eine feste, überschaubare Frist versprochen worden, bis die Kassen wieder hell klingeln würden, und das lauter als bisher.

Das Wunder geschah: Kurz vor dem Ablauf dieser Frist schnitt ein entspannter Oberbürgermeister das bunte Band der Absperrung durch, die Bürgersteige glänzten in hellen Platten, Blumenkübel säumten die Straße und die jungen Bäume wussten, dass sie jetzt die Pflicht hatten, schnell zu wachsen. Auf jeden Fall hatte der Geschäftssinn Früchte getragen, und die Stadt freute sich über eine wachsende Gewerbesteuer und ausgabefreudige Kunden als Besucher.

Dann wurde auf einem Dorfteil derselben Stadt eine Landstraße ausgebaut, die in steilem Anstieg hinauf in die grünen Berge führte. Auch hier wussten die Bürger, bevor die Bagger anrückten, dass ihnen eine Leidenszeit bevorsteht, die aber auch überschaubar sein sollte. Aber dann würde ihre kleine Welt noch schöner werden, mit buckligen Steinmauern und einem gepflasterten Gehweg, der auch älteren Menschen so etwas wie einen Gipfelsturm möglich machen sollte.

So weit, so gut, nur dass diese Zeit, entgegen aller Versprechungen und Zusagen, nur so dahin flog: Das dritte Baujahr wurde gerade angesagt, und eine Ende ist nicht in Sicht. Da die Straße ganz gesperrt ist, müssen die Leute, die bislang keine fünf Minuten zum Bäcker brauchten, den Umweg über eine nahe Kreisstadt nehmen. Auch Schüler, die bislang in kurzer Zeit den Weg zur Schule fanden, werden auf diesem

Weg mit dem Taxi dorthin befördert. Und die nicht immer jungen Anwohner müssen halt selber zusehen, wie sie ihre Einkäufe bis hinauf in ihre Häuser schleppen können, da sie mit dem Auto nicht mehr ans Garagentor herankommen. Selbst die Mülltonnen müssen sie, wie auch immer, bis hinauf vor den Bauzaun wuchten, die Postler zusehen, wie sie ihre Pflicht der Zustellung erfüllen können. Und Schwarzseher denken sich auch manchmal die Szene aus, wie der Notarzt oder das Rote Kreuz den Weg zu ihnen finden würde – wenn, ja wenn es einmal nötig wäre.

Ein Jahr war vergangen, dann ein weiteres und nun ist das dritte eingeläutet – immer wieder wurden die Termine verlängert, eine Kette von Zwischenlösungen. Der nächste Bauabschnitt stand bevor, die Sommerferien sind halt Kalendersache, die Winter sind unvermeidlich, und die Kinder müssen weiterhin mit dem Taxi zur Schule gefahren werden. Denn anders als bei den Geschäftsleuten ließen die „Zuständigen" hier den Dingen ihren Lauf – es ging ja nur um ältere Leute und ein paar Kinder, wie jemand – leise – sagte.

Der Zorn der Anwohner wuchs täglich, aber was nutzt der beste Zorn, wenn er keine Lobby hat und wenn die unmittelbar Betroffenen nur hinter vorgehaltener Hand protestieren? Was nutzt der Volkszorn, wenn das „Volk" ihn nicht an die Glocke hängt? Wenn auch bei einem Bürgertreff unter den Betroffenen verdruckste Stille herrscht, anstatt freie Aussprache? Gerade in der überschaubaren Welt einer Gemeinde braucht der Protest den aufrechten Gang. Es muss ja nicht diese neu entbrannte „Volks-Wut" sein, von der der *Spiegel* unlängst schrieb. Richtig ist ein Mittelweg zwischen Volks-Wut und Volks-Mut – denn Bürger-Mut ist das Lebenselixier der Demokratie. Oder wie *Dieter Hildebrandt* das so unvergesslich sagte: „Runter vom Ross – *wir* sind das Pferd!"

Keine Aussicht auf Scheidung?

Sie kannten sich von kleineren geselligen Ereignissen, der Notar und der Mann höheren Alters, der da neben seiner jüngeren Frau im sachlichen Amtszimmer saß. Und da man sich kannte, sprach man am Anfang ein wenig über „das Leben", von dem ja gerade ein Notar so manches mitbekommt, was dann in schmalen Akten abgeheftet wird.

„Sie wollen also Ihrer Frau die Hälfte Ihres Hauses schenken", sagte der Notar, „aber Sie haben mir doch bei einem Glas Rotwein erzählt, dass sie einmal zu Ihnen gesagt hat: ‚Was soll ich denn damit? Drinnen wohne ich doch sowieso'". „Ja", sagte der Mann, „ich kann aber hartnäckig sein: Gönne es mir doch 'mal, das Erlebnis der Großzügigkeit! Und dann hat sie gesagt: ‚Also, meinetwegen, wenn Du das brauchst für dein Selbstbewusstsein. Dann schenke halt!'"

Der Notar schmunzelte, solche Dialoge gehörten wirklich nicht zu seinem dienstlichen Alltag. „Also dann wollen wir einem Schenker nicht in den Arm fallen", sagte er zu der Frau. „Aber Sie können ihn hinterher ja umarmen." Diesen Satz, so meinte er, konnte er sich ruhig leisten, in einer offenbar so entspannten ehelichen Beziehung.

„Übrigens ist das *keine* Premiere für mich", sagte jetzt der Mann. „Meiner ersten Frau habe ich vor vielen, vielen Jahren doch auch einmal ein halbes Haus geschenkt – einfach so, weil wir doch verheiratet waren."

„So", sagte der Notar, „Sie sprechen von Ihrer früheren Ehefrau". „Ja", sagte der Mann, „und das war keine gute Idee, wie sich später herausstellte: Als sie sich von mir scheiden ließ, hat sie den halben Schätzwert des Hauses kassiert – auf Heller und Pfennig!"

Dem Notar fiel wieder nur ein „so, so" ein, und dann schaltete er seinen Computer an, um den Vertrag unter Dach und Fach zu bringen. Er diktierte einen Text, den er längst auswendig kannte, wie kleine Stücke vom „Faust", damals in seiner Schulzeit.

„Im Falle einer Scheidung", so hörte der Ehemann ihn am Ende sagen, „fällt die Schenkung wieder an den Ehemann zurück". Dann blickte er die beiden an, ein juristischer Blick, der wie ein amtliches Siegel auf dem Vertrag aussah.

„Wie bitte", fragte der Mann, „war da gerade von einer Scheidung die Rede?"

„Nicht direkt", sagte der Notar. „Aber vom *möglichen* 'Fall einer Scheidung'." „Aber wer denkt denn da an eine Scheidung?", fragte der Mann und sah seine Frau von der Seite an. „Ich jedenfalls nicht!" „Ich *eigentlich* auch nicht", sagte die Frau mit einem warmen Lächeln. „Und wenn ich jemals auf die Idee käme, würde das Haus dabei wirklich keine Rolle spielen."

Jetzt war die Reihe an dem Notar, zu schmunzeln. „Wäre ich ein Standesbeamter", sagte er, „hätte ich sicher den Eindruck, mit dieser Trauung ein gutes Werk zu tun. Ihr beide, wenn ich das einmal so sagen darf, geht wohl wirklich nicht einer Scheidung entgegen."

„Hörst du, wie schrecklich", sagte die Frau und sah ihren Mann an. „Wo du mir doch immer erzählst, eine glückliche Ehe sei eine traurige Sache – weil man keine Aussicht auf Scheidung hat."

„Das stammt nicht von mir, das habe ich gelesen. Und es war ganz sicher nicht so ernst gemeint."

Jetzt holte der Notar das Gespräch wieder auf die amtliche Ebene. „Also ich habe Sie jedenfalls darauf hingewiesen, wie das wäre, bei einer Scheidung. Und Sie werden auch in Ihrem Zuwendungsvertrag davon lesen. Man weiß ja nie, wie das ist, wenn sich später ein Mandant auf die Aufklärungspflicht beruft. Jetzt aber ist ja alles klar."

„Also auf das Risiko und die Nebenwirkungen einer Ehe wurden wir auf dem Standesamt wirklich nicht hingewiesen", sagte der Mann mit einem breiten Lächeln. „Und auch nicht auf irgendein Rücktrittsrecht. Aber jetzt kommen Ihre Worte einfach zu spät."

Nachdem jetzt ein so warmes Schmunzeln im Raum lag, sagte der Notar, während er die beiden zur Tür führte: „Also, wenn alle Standesbeamten und Notare über Risiken und Nebenwirkungen der Ehe aufklären müssten, was meinen Sie: Wie würde sich das auswirken auf dieses ‚Ja-Wort', wie man das so nennt?"

„Also, ich glaube, *wir* würden das wieder tun", sagte der Mann und sah hinüber zu seiner Frau. „Und was meinst du?" „Ich auch", sagte sie, „jedenfalls nachdem ich jetzt weiß, wie einfach man zu einem halben Haus kommen kann".

Neue Jugend für Erde und Mond

Hast du schon gehört, dass wir jünger sind, als man bisher dachte?", fragte die Erde den Mond, als sie sich auf ihrer elliptischen Bahn wieder einmal näherkamen. „Immerhin etwa 90 Millionen Jahre jünger, nur noch runde viereinhalb Milliarden alt. Wissenschaftler haben das herausgefunden." „Na ja", seufzte der Mond, „das ist ja leider auch keine Jugend mehr. Aber immerhin sind wir gleich alt, zugleich geboren, wenn auch durch irgendeinen Zusammenstoß. Und seitdem dieses Wort vom ‚ständigen Begleiter'".

„Und ich dachte immer, dass ich jünger bin als du", sagte die Erde. „Gib doch nicht so an", sagte der Mond, „warum eigentlich jünger?" „Na schau dich doch nur 'mal an", sagte die Erde. „Du mit deinen vielen Falten und Kratern." „Das meinst du doch nur, weil du ‚die Erde' heißt, also weiblich klingst. Und ich bin halt nur ‚der Mond', also irgendwie männlich." „Naja, das sehen andere Sprachen aber anders!"

Dann konnten die beiden sich nicht mehr gut verstehen, und setzten ihre Unterhaltung erst fort, als sie wieder aneinander vorbeischwebten.

„Ehrlich gesagt bin ich immer eifersüchtig, wenn man bei uns auf der Erde von dir schwärmt. ‚Der Mond ist aufgegangen', und all dieses romantische Gesäusel von den ‚Schlössern im Mond'. Und mit der Liebe geht's hier unten immer erst dann richtig los, wenn irgend so ein Pärchen hinauf in diese runde Scheibe guckt." *Wir* haben niemanden mehr, der zu euch ‚runtergucken' könnte", sagte der Mond, „deshalb schwärmt hier auch niemand von der Erde."

„Warum gibt es eigentlich nichts Lebendiges bei euch da oben?" „Weiß ich doch nicht, frag" doch „mal deine Wissenschaftler." „Und wie war das eigentlich mit dem berühmten ‚Mann im Mond'?" „Den? Den gibt's schon lange nicht mehr. Vielleicht ausgewandert, keine Ahnung." „Und das runde Dutzend Astronauten, die „mal bei dir waren?" „Die waren auch schnell wieder weg."

„Und wie ist es mit der *Frau ‚Luna'*, der Herrin des Mondes, mit ihrem Hofstaat?" „Ach, das war doch auch nur 'ne Erfindung von euch, einem *Paul Linke* oder so." „Immerhin", sagte die Erde, wieder richtig eifersüchtig, „war da etwas los auf dem Mond – Venus, Mars und die

Götter der Gestirne!" „Nicht wirklich! Und selbst die von der Operette haben mir dann doch ‚Adieu' gesagt."

„Lieber Mond, du hast aber auch viel zu wenig für dich getan. Kein grüner Strauch da oben, keine romantische Seenplatte, kein einziger Ballermann – kein Wunder, dass es niemand dort lange aushält." „Na und ihr? Ihr seid doch längst dabei, es uns nachzumachen. Umweltzerstörung, Klimakatastrophe, Erderhitzung: Und bald werdet ihr so voll mit Menschen sein, dass ihr euch gegenseitig auf die Füße tretet. Damit das klar ist: Wir nehmen keinen von euch auf, nix is' mit Asyl!"

„Und wie wär's, wenn wir uns beide wieder verjüngen würden?", fragte die Erde. „Nicht nur diese lumpigen 90 Millionen Jahre, sondern total, ein neuer Anfang – neue Jugend?" „Ach", sagte der Mond und gähnte, „das wäre vielleicht eine Idee für deine Wissenschaftler. Aber ehrlich, für eine solche Verjüngung fühle ich mich einfach viel zu alt!"

„*Ich* eigentlich nicht", sagte die Erde. „Ich habe noch so viel vor, mit den Menschen: Ich will alles Mögliche verbessern. Mehr Menschenrechte, mehr Menschenwürde, mehr Gerechtigkeit, ganz allgemein – alles, was halt viel Zeit braucht: Bessere Kontrollen im Finanzmarkt, im Ölgeschäft, und wo es sonst noch überall hapert. Naja, halt alles, was die Menschen menschlicher und die Erde wieder bewohnbarer macht." Und nach einer kleinen Pause: „Das hält jung, und dafür ist man doch nie zu alt."

„Und wie willst du sie verwirklichen, deine edlen Gedanken?", wollte der Mond wissen. „Da müssen die hier unten halt immer neue Gesetze machen, damit das Recht gerechter wird." „Du bist aber wirklich eine unheilbare Optimistin", sagte der Mond. „Das haben wir doch gelernt in all den Jahren: Gesetze sind das eine – und die Wirklichkeit ist das andere." „Das sehe ich aber nicht so", sagte die Erde mit lauter Stimme. „Das Recht kann den Menschen nicht besser *machen* – aber besser *zähmen*!"

Und dann wieder recht leise: „Ohne Optimismus hätte ich sie doch niemals überlebt, all die Jahre." Jetzt blickte der Mond traurig drein. „Falls ich ihn jemals gehabt haben sollte – ich habe ihn jedenfalls verloren, meinen Optimismus, irgendwo im All." „Dann bist du aber wirklich *alt*", sagte die Erde. Und nun fiel ihr nichts mehr ein.

(Das Gespräch wurde abgehört von dem Astronauten-Team einer Raumkapsel, deren Name streng geheim ist).

Wer verliert, der zahlt?

Wer verliert, der zahlt: Nein, das ist kein Leitsatz einer Entscheidung des *BVerfG*, sondern eine banale Lebensweisheit, die aber so in Karlsruhe nicht gilt. Die meisten Verfassungsbeschwerden sind „aussichtslos, erfolglos und kostenlos" – so eine Sottise aus dieser Juristenwelt.

Nun gibt es bei dem Karlsruher Gericht aber die Möglichkeit, dem Verlierer eine Gebühr aufzuerlegen, wenn er das Gericht „missbraucht", weil er die Richter gezwungen hat, sich den Kopf über eine gänzlich aussichtslose Sache zu zerbrechen – „Missbrauchsgebühr", so heißt das schlicht und einfach.

Drei neuere Beschlüsse des höchsten deutschen Gerichts zeigen anschaulich, wer hier der „Verlierer" sein kann, wenn er sich auf den verschlungenen Weg nach Karlsruhe macht – und mit welchen Folgen. In den allermeisten Fällen ist es der Beschwerdeführer höchstpersönlich, der die – überschaubare – Gebühr zahlen muss und nicht sein Anwalt – auch wenn er es war, der ihn in den aussichtslosen Kampf in die Karlsruher Arena geführt hat. Was immer er sich, neben dem Blick auf die Gebührenordnung, dabei gedacht haben mag, es war halt das Falsche.

Deshalb horcht man gespannt auf, wenn es doch einmal der *Anwalt* ist, dem das Gericht eine Missbrauchsgebühr aufbrummt. Und man meint die leise Entrüstung der Richter herauszuhören, wenn es in der Begründung heißt, das *BVerfG* müsse „es nicht hinnehmen, bei der Erfüllung seiner Aufgaben durch eine sinnentleerte Inanspruchnahme seiner Arbeitskapazität behindert zu werden". Auf gut Deutsch: Wir haben Wichtigeres zu tun, als uns mit gänzlich ungaren Verfassungsbeschwerden herumzuschlagen. „Und jetzt bist du es, der die Zeche zahlt!" – ein Warnschuss aus Karlsruhe.

Vielleicht hätte sich, in dem anderen Fall, ja auch ein „Herr S" die 300 Euro Missbrauchsgebühr erspart, wenn er seine Ungereimtheiten nicht persönlich vor das Gericht gebracht, sondern einen Anwalt als Sprachrohr benutzt hätte. Aber so wird ihm in kurzen Sätzen bescheinigt, dass seine Rügen „ohne jede verfassungsrechtliche Substanz waren und die Anrufung des *BVerfG* deshalb (für ihn) erkennbar offensichtlich aussichtslos war."

Und dann gibt es einen dritten Beschluss, der zeigt, dass der Verlierer auch einmal glimpflich davonkommen kann. Ein Ehepaar war es, das sich als Folge des *Hartz-IV-Urteils* höhere Leistungen erhoffte – auch für die Vergangenheit. Aber für die Zeit *vor* dem angeforderten, neuen Gesetz soll es keinen „Nachschlag" geben: Dies steht bereits heute fest. Deshalb wurde ihre Verfassungsbeschwerde nicht zur Entscheidung angenommen. Denn die Grundfrage, so etwa heißt es, wurde inzwischen entschieden, und jetzt ist der Gesetzgeber am Ball – und deshalb ist das *BVerfG* „draußen vor."

Die Richter geben aber zu erkennen, dass die Verfassungsbeschwerde ohne die *Hartz-IV-Entscheidung* „teilweise Aussicht auf Erfolg gehabt" hätte – und deshalb „entspricht es der Billigkeit, dass den Beschwerdeführern die notwendigen Auslagen zu erstatten sind" – die Bundesrepublik Deutschland muss sie tragen.

„Billigkeit": Ein großes Wort, auch wenn es auf den ersten Blick ein wenig „billig" erscheinen mag. Es umschreibt so etwas wie das richterliche Augenmaß auf der Suche nach der Gerechtigkeit. Und so sind „Recht und Billigkeit" neben „Treu und Glauben" so etwas wie Wegweiser der Rechtspraxis, die nicht nur *mit*gedacht werden, sondern auch in manchen Texten zu Wort kommen.

Die Gerichtskosten werden „niedergeschlagen" – so knackig heißt das bisweilen in zivilgerichtlichen Entscheidungen. Auch das wohl aus „Billigkeit". Und es ist einer der „Niederschläge", von denen die Partei sich ganz sicher leicht erholt.

Wenn der Ehe-Schleier fällt

Die Burka verhüllt den Menschen, genauer gesagt, die Frau. Sie verhüllt den Körper und das Gesicht, und macht, wenn man so will, die Frau zur Beobachterin der Umwelt – nur sie selbst ist jeder Beobachtung entzogen. Das Recht der Beobachtung auf Gegenseitigkeit hat allein der Mann – nein, nicht der Mann, sondern der Ehemann. Aber auch er muss, wie ein neuer Fall aus *Dubai* zeigt, mit dieser Beobachtung warten, bis er vom Mann zum Ehemann geworden ist. Dann erst darf er sie entschleiern. Und dies mit überraschenden Folgen, wie man lesen kann. Als dieser Ehemann nämlich den Schleier vom Gesicht der Frau hob, stellte er fest, dass er ein anderes Antlitz erwartet hatte – nicht dieses leichte Schielen, und nicht den Anflug von Damenbart. Und er wollte sie ungeschehen machen, diese Ehe.

Der Ausgang des Falls ist bislang nicht bekannt. Er gibt aber Anlass, fern dieses fremden Kulturkreises über eine andere Form der Burka nachzudenken, die früher, nicht nur im Zeitalter des Biedermeiers, auch bei uns gebräuchlich war – nennen wir sie einmal die Seelen-Burka. Damals gingen die Verlobten unverschleiert miteinander um, jedenfalls was das Gesicht betraf und schickliche Teile des Körpers. Und der weiße Schleier vor dem Gesicht blieb der Braut als vorübergehender Aufputz vorbehalten – bei der Hochzeit.

Verschleiert aber waren die Seelen – sie blieben verborgen hinter anmutigen Floskeln der Konvention, hinter mancherlei anderen Artigkeiten und hinter dem, was man damals respektvoll die „gute Kinderstube" nannte. Und hinter einer Latte von Verheißungen aller Art, die eine blutjunge Liebe so mit sich bringt. An dieser Seelen-Burka mag es liegen, dass die Verlobten im Himmel der Erwartungen lebten, bevor sie im Alltag des Ehelebens landeten, der einer solchen Burka wenig Platz lässt. Und die Literatur zeigt uns, dass es oft der Mann war, der da die Burka getragen hat.

Sicher hatte sich *Effi Briest* das Leben mit dem gefühlsleeren Baron *Instetten* anders vorgestellt, sicher auch die junge Madame *Bovary* mit dem sie langweilenden Landarzt, und auch *Anna Karenina* hätte vielleicht gründlicher über den feinfrostigen *Karenin* nachgedacht, wenn sie gewusst hätte, was da in der Ehe auf sie zukommen würde. Aber hier waren es ja die Männer, die diese Seelen-Burka trugen, und als bei ihnen endlich der Schleier fiel, war es halt zu spät.

Natürlich gibt es diese Burka längst nicht mehr, und wer heutzutage heiratet, hat meist schon irgendeine Art von Vor-Ehe mit der Frau hinter sich, bei der er sich auskennt – nicht nur in ihrem Gesicht.

Aber ebenso sicher sind die literarischen Gestalten mit dem tragischen Ende ihrer Ehen zu ihrer Zeit keine Einzelfälle gewesen, sonst hätten *Fontane, Flaubert* und *Tolstoi* ja keine Romane über sie geschrieben. Und von diesen Dramen einmal abgesehen: Bekanntlich wurden damals nur wenige Ehen geschieden, und vielleicht haben ja viele der anderen, von der Literatur vergessenen Menschen immerhin etwas von der Seelen-Burka geahnt, und dass sie keine Ewigkeit halten würde. Und wenn dann der Schleier fiel, mögen sie bei sich gedacht haben, dass ein bisschen Schielen oder irgendein wenig anheimelnder Bart allein noch keine Scheidungsgründe sind.

Dennoch gäbe es eine Möglichkeit, Seelen-Burkas vor der Heirat ein für allemal zu vermeiden. Jemand hat einmal den rechtspolitisch interessanten Vorschlag gemacht, eine Ehe nur dann amtlich zu besiegeln, wenn die beiden zuvor miteinander eine Probescheidung hinter sich bringen – einen Kampf um den Zugewinn, den Versorgungsausgleich und das Sorgerecht für die Kinder. In diesem Prozess würden sich beide, Mann und Frau, entschleiern, hier würde keine Burka halten. Und wenn die beiden nach dieser Probescheidung noch immer JA zueinander sagen wollen, dann sollte diese Ehe „lebenslänglich" sein: Eine Scheidung auf Probe also, statt einer Probe-Ehe.

Die Leser runzeln die Stirn? Na ja, es war nur mal 'ne Idee – literarisch, wenn man so will.

Wann Musik zum Lärm wird

Ohne Musik wäre das Leben ein Irrtum", so hat, wie man weiß, *Friedrich Nietzsche* die Dinge gesehen. Aber Musik löst auch nicht alle Probleme des Lebens, ja, sie kann selbst zu einem Problem werden: Nicht nur für *Wilhelm Busch,* von dem die bekannten Zeilen stammen: „Musik wird störend oft empfunden, derweil sie mit Geräusch verbunden." Dieser Reim hat sicher auch den Bundesverfassungsrichtern in den Ohren geklungen, als sie kürzlich entscheiden mussten, *wann* Musik so geräuschvoll ist, dass sie als „störend" empfunden werden darf. Es ging um das Musizieren in den eigenen vier Wänden, um das tägliche Klavierspiel einer sechzehnjährigen Tochter, die vom Vater, wie er dies vortrug, zu einer „musikalisch gebildeten Person" erzogen werden sollte – mit täglichen Übungen von etwa einer Stunde, für die sich der Nachbar allerdings nicht erwärmen konnte. „Erlaubte Hausmusik?", im Sinne von *Friedrich Nietzsche,* dies war die Frage oder „erhebliche Ruhestörung?", wie *Wilhelm Busch* dies wohl gesehen hätte?

Auch nach der Kammerentscheidung des *BVerfG* sind die Dinge nicht endgültig geklärt: Denn auch die Karlsruher Richter konnten nicht ein für allemal sagen, *wann* Musik ein unzulässiger Lärm ist und noch viel weniger, *welche* Musik der Gesetzgeber im Auge hatte, wenn er jeden „objektiv störenden Lärm" verbietet. Volksmusik, *Bach* oder *Beethoven,* die Beatles, die No Angels oder irgendein Rap: Da halten sich auch unsere Richter aus gutem Grund heraus, wenn es um den musikalischen Geschmack eines Menschen geht, der höchst unfreiwillig zum Zuhörer wird.

Diesmal waren es Präludien von *Johann Sebastian Bach,* die sich der Nachbar in seinem Reihenhaus ungewollt anhören musste – und da es ein später Sonntagnachmittag war, rief er einen Polizeibeamten zur Hilfe, genauer zum Zuhören. Der aber erklärte, was er da vernahm, zum „ruhestörenden Lärm". Und so kam es zu einem Bußgeldbescheid in Höhe von 75 Euro – und zu einer Verfassungsbeschwerde.

Den Karlsruher Richtern, die ihr stattgaben, ging es weniger um die Geldbuße, die der Nachbar für seine Tochter zahlen sollte, sondern um die „Ungenauigkeit" eines Gesetzes, dem sich ein Bürger hier ausgesetzt sieht. Wie soll er erkennen, wie lange er seine Musik ertönen lassen darf und wie laut, und wann aus einem Stück von *Bach* mit einem Mal eine

„erhebliche Ruhestörung" wird. Auch wenn ein Polizist, wie in diesem Fall, die Hausmusik als eine solche „Ruhestörung" einstuft, ist damit, so die Richter, nicht alles klar: Denn der Bürger ist zwar an das Gesetz gebunden, nicht aber irgendeiner persönlichen Empfindsamkeit ausgeliefert.

Hausmusik kann möglicherweise verboten sein: Aber nur, wenn es objektive Merkmale dafür gibt, wann sie als „objektiv störend" empfunden werden darf – nicht nur für *Wilhelm Busch,* sondern für all die anderen, die sich ihr „ausgesetzt" fühlen und das „Geräusch" nicht ertragen wollen. Und wie ist es mit *Friedrich Nietzsche* – hätte er den Spruch aus Karlsruhe für einen schlichten Irrtum gehalten, weil er der Musik keinen Freibrief gab?

Vielleicht ließe sich ja im Interesse des Rechtsfriedens ein Mittelweg zwischen dem Innenleben der beiden finden. „Musik darf nicht als störend empfunden werden, solange sie *nicht* mit Geräusch verbunden ist", so könnte es heißen. Dann hätte der Gesetzgeber seine Schuldigkeit getan. Und um die Frage, wann aus Musik so etwas wie Lärm wird, mögen sich die Gerichte kümmern.

Tiere als Lebensrisiko

Dass Tiere ungemein liebenswerte Lebewesen sein können, ist bekannt. Dass manche von ihnen auch ihre Risiken bergen, hat sich ebenfalls herumgesprochen. Dafür gibt es dann immerhin die Versicherungen. Allerdings ist es eher unwahrscheinlich, dass Goldfische im Aquarium oder Kanarienvögel im Käfig solche Risiken bergen. Aber bei Hunden oder Pferden, um nur diese Beispiele zu nennen, kann man sich einige Beruhigung erkaufen.

Jedenfalls gegen die Gefahren von Spinnen kann man sich aber nach einer neuen Gerichtsentscheidung eine Versicherung sparen. Denn ein Hausmeister haftet nicht, wenn in einer Tiefgarage eine „fette, schwarze Spinne" von der Decke fällt und eine Frau sich verletzt, als sie vor Schrecken ins Stolpern kam. Spinnen, so sagen sehr verkürzt die Oberlandesrichter, gehören zum Lebensrisiko. Und dafür muss man halt selber aufkommen.

Tiere als Lebensrisiko, das macht dann doch nachdenklich. Es gibt ja immerhin so einige herrenlose Tiere, die so manches anrichten können. So hat der böse Wolf ja einst das Rotkäppchen verschlungen, wenn auch bei den Gebrüdern Grimm nur vorübergehend. Hätte vielleicht die mitverschlungene Großmutter gehaftet, die ja dem bösen Wolf ihr Aussehen verliehen hatte, wenn auch ganz und gar unfreiwillig? Wohl kaum.

Und es war auch das persönliche Risiko der Königstochter, als sie den „grässlichen Frosch" zu sich ins Bett ließ, weil sie ein Versprechen halten wollte? Wäre er nicht der verwunschene Königssohn gewesen, sondern wirklich nichts anderes als ein Frosch, dann hätte sich bei der Tochter wohl auch so etwas wie ein Lebensrisiko verwirklicht.

Schwieriger ist die Sache mit Lohengrin und dem Schwan. Mit dem Dank „mein lieber Schwan" hatte sich der Gralsritter immerhin von ihm verabschiedet. Aber wie man weiß, brauchte er ihn dann doch wieder für die „letzte, traurige Fahrt", die er, wie er singt, sich und dem Schwan so gerne erspart hätte.

Was, wenn sich der Schwan nach erfülltem Auftrag woanders herumgetrieben hätte, wenn er nicht mehr erreichbar gewesen wäre? Zählte das dann zum Lebensrisiko von Lohengrin? „Wann geht der letzte Schwan?", hatte schon *Leo Slezak,* der berühmte Tenor der zwanziger Jahre, in seinen Lebenserinnerungen gefragt. Das Regietheater sollte sich einmal dieses Themas annehmen und herausarbeiten, was Lohengrin gemacht hätte – ohne den Schwan als romantischem Taxi.

Ganz schwierig ist die Sache aber mit *Romeo und Julia*. Eines der entscheidenden Probleme ihrer Liebesnacht ist ja die Frage, ob es die Nachtigall war oder die Lerche, die da auf einmal zu singen begann. Die beiden hatten darüber verschiedene Ansichten. Wie es sich aber dann herausstellte, war es die Lerche – mit den bekannten Folgen. Wer von den beiden haftet für den Hörfehler? Oder zählt auch das zu den Risiken einer Liebesnacht?

Und ganz schwer fällt die Antwort auf die Frage, wer eigentlich für die Schlange haftet, die damals im Paradies so einiges angerichtet hatte. Hätte sich *Adam* an *Eva* schadlos halten können, wegen Schadensersatz? Oder gab es für die heimtückische Schlangentat vielleicht noch jemanden ganz anderen, der da haften sollte? Fragen über Fragen. Allerdings wird dieser Fall, anders als die Sache mit der Spinne, jedenfalls die irdischen Gerichte kaum noch beschäftigen – wegen Verjährung.

Der Zorn der Anwohner wuchs täglich, aber was nutzt der beste Zorn, wenn er keine Lobby hat und wenn die unmittelbar Betroffenen nur hinter vorgehaltener Hand protestieren? Was nutzt der Volkszorn, wenn das „Volk" ihn nicht an die Glocke hängt? Wenn auch bei einem Bürgertreff unter den Betroffenen verdruckste Stille herrscht, anstatt freie Aussprache? Gerade in der überschaubaren Welt einer Gemeinde braucht der Protest den aufrechten Gang. Es muss ja nicht diese neu entbrannte „Volks-Wut" sein, von der der *Spiegel* unlängst schrieb. Richtig ist ein Mittelweg zwischen Volks-Wut und Volks-Mut – denn Bürger-Mut ist das Lebenselixier der Demokratie. Oder wie *Dieter Hildebrandt* das so unvergesslich sagte: „Runter vom Ross – *wir* sind das Pferd!"

Temperament und Ehrverletzung

Der Gerichtssaal ist kein Boxring für streitende Parteien. Und es gehört auch wahrlich nicht zu den Berufspflichten eines Rechtsanwalts, andere Menschen im Bereich der Justiz zu beleidigen. Auch die Organe der Justiz müssen keine Samthandschuhe tragen und mit Koseworten um sich werfen. Im kontroversen Diskurs jedenfalls sollten sie sich so betragen, dass der gute, alte Freiherr *von Knigge* nicht vor Verlegenheit weggesehen hätte. Drei Fälle aus jüngster Zeit machen deutlich, was einem Anwalt im Angriff in eigener Sache erlaubt ist – und wann er zu weit geht.

Ein Anwalt wollte in zwei Bußgeldverfahren einen Termin verschieben – aus guten Gründen, wie er dachte. Aber die Richterin konnte – oder wollte – nicht mitziehen: Und so machte der Anwalt seinem Ärger Luft – in einem Fax, das er an das Amtsgericht schickte: Die Richterin, so schrieb er, „habe pubertär wirkende Rachegelüste" und sei entweder „heillos überlastet oder maßlos arrogant". Wie man verstehen kann, fühlte sie sich von diesen Worten alles andere als geschmeichelt und stellte Strafantrag. In dem Verfahren konnte der Anwalt seine Worte nicht bestreiten, aber von irgendeiner Missachtung oder Herabsetzung habe er nichts im Sinn gehabt. Im „Gesamtkontext" gesehen sei es nur um eine sachliche Klärung gegangen – hart aber sachlich. Obwohl sich die zuständige Richterin am Amtsgericht sicherlich in die Robe und das Gemüt ihrer Kollegin einfühlen konnte, sprach sie den Anwalt frei – weil sie bei all seiner dramatischen Ausdrucksweise keinen Beleidigungsvorsatz sah.

Wohl ohne diesen Fall zu kennen, versuchte der *AnwGH NRW* durch eine Art berufliches Stoppschild zu verhindern, dass eine Assessorin nach bestandenem Zweiten Staatsexamen den Anwaltsberuf einschlagen konnte. Die Frau sah sich in ihrem Stationszeugnis nicht leistungsgerecht beurteilt und beschwerte sich beim Ausbilder mit einem Schreiben, das sich las wie das Gegenteil eines Liebesbriefs. „Sie sind ein provinzieller Staatsanwalt", schrieb sie, „mit ihrem Leben sind sie so zufrieden wie das Loch vom Plumsklo." Sie sprach von seiner „armseligen Existenz" und urteilte: Er passe „nicht in den Justizdienst". Sein Weltbild entspreche „dem typischen deutschen Staatsbürger von 1940", unter seinesgleichen „pisse man sich nicht gegenseitig ans Bein". Das war dem

AnwGH entschieden zu viel des Un-Guten. Der Senat sah darin nicht nur einen massiven Wutausbruch, sondern eine „akribisch schriftlich vorbereitete" Beleidigung. So jemand passt nicht in den Anwaltsberuf – so könnte man das Urteil vielleicht hemdsärmelig zusammenfassen.

So etwa sah es auch der *BGH,* der die Entscheidung des *AnwGH* kürzlich bestätigte. Vielleicht aber als kleiner Hoffnungsschimmer am Horizont: Da es nach ständiger Rechtsprechung des *BGH* in ähnlichen Fälle auch darauf ankommt, wie ein abgelehnter Bewerber in der Zwischenzeit mit seinem Fehlverhalten umgeht, liegt eine spätere Zulassung in seiner eigenen Hand. Wohlverhalten kann Fehlverhalten auslöschen, so sinngemäß das Anwaltsgericht. In der Urteilsbegründung des *BGH* ist von diesem Hoffnungsschimmer allerdings nichts mehr zu sehen. Also muss die Assessorin in der Zukunft mit ihrem Temperament wohl anderswo umgehen – jedenfalls, wenn dieses Temperament einen anderen an den Pranger stellt.

Eher zum Schmunzeln liest sich eine Entscheidung des *OLG Hamm,* in der es auch um den Tatbestand einer Beleidigung geht. Offenbar fühlte sich ein Mann an den Pranger gestellt, als er von einem anderen als „alter Mann" bezeichnet wurde. Dies sei zunächst einmal eine wertneutrale Feststellung – so das Gericht, die allenfalls dann zu einer Beleidung werden könne, wenn sie deutlich herabmindernd gemeint war. Solange aber davon keine Rede sein kann, wird der Mann mit diesem Prädikat leben müssen. Und das, obwohl das „Alter" offenbar doch ein ziemlicher Vorwurf war. Oder vielleicht doch nicht, sondern nur eine Station auf dem Lebensweg eines Menschen sichtbar machen sollte – oder ein gängiges Modewort.

Die Kunst des Wegsehens

Das *AG Dortmund* hatte über einen Fall zu entscheiden, in dem der Eigentümer eines Hauses sein großes Gartengrundstück auch im Winter zu kurzen Nacktauftritten nutzte – nach dem Aufenthalt in seiner Sauna, selten einmal mit einem Freund des Hauses. Und dann konnte der Nachbar, mit dem ihn eine langjährig gereifte Feindschaft verband, von seinem 1. Stock aus betrachten, wie ein nackter Mann aussieht, wenn er aus der Sauna kommt und sich vielleicht im Winter auch einmal kurz im Schnee wälzt. Aber auch die Tochter des so prüden Nachbarn stand an ihrem Fenster und konnte zusehen. Na, nun hört das aber auf, so könnte sich ein hoffnungslos verquerer Moralist das denken, das ist doch der pure Exhibitionismus.

Ganz so weit ging der Dortmunder Amtsrichter zwar nicht, aber er verurteilte den Nachbarn zur Unterlassung bei einer wuchtigen Androhung von Geldbuße, wenn er seine Saunagänge ohne jede schickliche Verhüllung künftig so beenden würde. In seiner ausgefeilten moralinsauren Urteilsbegründung kam dem Amtsrichter eine menschliche Reaktion nicht in den Sinn, die zwar so nicht im Gesetzblatt steht, die aber einer der guten Gründe war, weshalb das *LG Dortmund* die menschenfremde Entscheidung des sittenstrengen Amtsrichters aufgehoben hätte, wie in der mündlichen Verhandlung deutlich wurde, wo der Kläger schließlich seine Klage zurücknahm.

Die Kunst des Wegsehens. Weshalb nur starrt jemand eine an sich harmlose Szene an, die ihm persönlich missfällt? Weshalb schaut er nicht lieber auf den Winterschnee, der auch die Bäume vorübergehend weiß färbt. Und das sechsjährige Mädchen, wie sehr mag sie an dieser Welt leiden, die sich da plötzlich vor ihr auftut und zu der sie hinguckt? „Der Anblick eines nackten Mannes nebenan ist aus unserer Sicht absolut hinnehmbar" und: „Der Rentner hätte problemlos weggucken können", das sind wichtige Sätze der Richter in der Verhandlung vor dem Landgericht. Und damit haben diese Richter die Nacktheit wieder ins rechte Licht gerückt.

‚Weggucke', das wäre auf gut hessisch gesagt, die gelassenere Reaktion gewesen, als ein langatmiger Rechtsstreit über eine solche Banalität.

Bekanntlich war die Nacktheit im Paradies die normale Bekleidung. Und es bedurfte erst eines Sündenfalls bis sie zu einer Art von unerlaubter Handlung wurde. Aber auch das hat sich einigermaßen zögernd herumgesprochen. Im klassischen Griechenland war es der nackte Körper, der zusammen mit seinem Antlitz für die Welt geradestand. Und die sportlichen Wettkämpfe, auch von Frauen, wurden wohl weniger der nackten Körper wegen mit großem Applaus verfolgt, sondern eher wegen der körperlichen Leistung. Dann irgendwann kamen die körperlichen Verhüllungen aller Art, und seitdem lebt eine wichtige Branche unseres Wirtschaftslebens von der sich ständig wandelnden Mode, vom Spiel mit der Nacktheit – so wandelbar wie das Leben überhaupt. Nur der Rückweg zur biblischen Nacktheit ist wohl weitgehend versperrt. Eher gibt es Rückwege anderer Art: Nach der sexuellen Befreiung „entwickelte sich die Gesellschaft zurück zur Prüderei", sagte der Philosoph *Peter Sloterdijk*. Und das bekannte Bild mit *Uschi Obermaier* und dem runden Dutzend nackter Körper, die dem Betrachter den Rücken zeigen, machte deutlich, wie die sexuelle Freiheit damals aussah. Der Kläger in dem eingangs geschilderten Fall hätte Einiges zu klagen gehabt.

Ein alter, grober Scherz erzählt von einem Mann, der in einem Striptease-Lokal mit Programm dem vorübergehenden Kellner zuruft: „Herr Ober, ich krieg' en Strammer Max!" und der grollt zurück: „Ei, dann gucke Se doch net hin!"

Die Kunst des Wegsehens mag zwar in einem Pornolokal der falsche Rat sein. Aber es wäre sicher ein guter Tipp für so einen Streit unter Nachbarn.

Wie, bitte, soll ich Dein „Nein" verstehen?

Das lange Ringen um die Reform des Sexualstrafrechts ist zu Ende, umstritten bleibt aber, ob es ein gutes, ein vernünftiges Ende ist oder wieder einmal irgendein Kompromiss.

Zwar klingt der Satz: „Nein heißt Nein" einfach und schlicht, wie eine Anordnung auf einem Verkehrsschild. Jedenfalls ist er doch ziemlich eingleisig für eine so differenzierte Entscheidung. Und wie könnte eigentlich die Frage lauten, die diese schmallippige „Antwort" auslöst? „Willst Du mit mir ins Bett?" Wie vielschichtig ist doch eine aus dem Flirt geborene Frage, die bisweilen in den Augen zu lesen ist. Möchtest Du, ja was denn, und was möchtest Du vorher? Wo setzt dann das „Nein" ein, und wie dann der Abend weitergehen kann, weiß ein jeder aus Erfahrung. – Eigentlich nach dem alten Motto: „Schaun mer mal" und dann ist es doch wieder der Mann, der das volle Risiko trägt. Vielleicht ist der Wortlaut eines kargen Paragrafen doch nicht die geeignete Lyrik für eine eher poetische Frage.

Aber unbeantwortet wird die Frage bleiben, wie diese höchst private Plauderei bewiesen werden kann, und wie ernst ein Stoppschild gemeint war: Ein kleiner Schlussstrich am Ende eines Flirts oder doch eher ein vorübergehender Stoßseufzer? Sollte der Mann vielleicht fragen, „wie, bitte, soll ich Dein Nein verstehen" und die Antwort dann schriftlich festhalten? Aber wer einfach grapscht, macht sich jedenfalls strafbar und was ein verbotenes Geschehen ist, sollte jedermann wissen.

Ein hübscher Scherz erzählt von einer Episode in einem Zugabteil: Eine schöne, junge Frau blättert in einem Buch und ein mittelalterlicher Mann versucht unaufhörlich sie mit den Augen zu verschlingen. Bis die Frau das Buch zusammenklappt und dem Mann sagt: „Ich muss jetzt bald aussteigen, würden Sie mich jetzt wieder anziehen?"

So etwas wie eine Augengrapscherei also, und sollte das noch erlaubt sein? Oder macht sich auch der wegen Augengrapscherei strafbar, wie der andere, der sich seiner Hände bedient? Die Diskussion über das Sexualstrafrecht wird weitergehen. Vielleicht kommt eines Tages einmal auch dieser Fall auf die Tagesordnung.

Dass Frauen vielleicht keinen Gesetzgeber brauchen, um sich ungewollter Zärtlichkeiten zu erwehren, zeigt ein uralter Fall, den eine Operette von *Carl Millöcker* musikalisch präsentiert. „Ach ich hab' sie ja nur auf die Schulter geküsst", singt Oberst *Ollendorf*. „Doch der Schlag mit dem Fächer traf mich mitten im Gesicht."

Wäre ein Schulterkuss ohne musikalischen Aufguss heute strafbar? Und wie ist es, wenn die Betroffene, also wie hier, die Strafe selber vollstreckt? Auch wieder so eine verzwickte Sache. Oder war es ganz einfach so etwas wie ein sexuelles Notwehrrecht, von dem sie Gebrauch machte? Auch die Erotik steckt voller Fragen. Vielleicht sollte das zu ihren Reizen zählen.

Kampf um die Küche

Also, ich hab' nix gegen die Juristen", sagte der Mann mit dem gelben Hemd, der auch am Stammtisch immer seine Mütze auf dem Kopf ließ. „Bei meinem Blechschaden am Auto haben die Richter damals goldrichtig entschieden. Und auch mein Anwalt war sein Geld wert." „Ich hab' schon was gegen diese Paragrafenfuchser", sagte der andere in der lockeren Jacke. „Die reden immer so viel und du verstehst kein Wort. Mir ist der gesunde Menschenverstand viel lieber." „Ich hab meinen Anwalt jedenfalls schnell verstanden", sagte der Dritte, „als er mir nach meinem Termin sagte, was er für die Beratung verlangen wird."

Man saß, wie an jedem Dienstag nach der Arbeit beim Bier zusammen, und noch ruhten die Skatkarten am Rande des Tisches. „Ich hab' zum Beispiel überhaupt nicht verstanden, warum diese Frau weiter die Miete für ihre Küche zahlen muss, obwohl die plötzlich verschwunden war", sagte der mit dem gesunden Menschenverstand. „Ach, du meinst dieses Urteil, von dem vor Kurzem in unserem Blättchen zu lesen war?" „Ja, runde 17 Euro monatlich, für etwas, mit dem die Frau nichts mehr am Hut hat." „Aber die Frau hatte die Küche doch gemietet, wie die ganze Wohnung auch, und dafür muss man halt zahlen", sagte der Logische. „Aber diese Küche war im Keller gelandet, weil sich die Frau eine eigene Küche gekauft hatte." „Aber das darf man doch. Nur der Mietvertag ‚Küche' läuft doch weiter." „Aber jetzt war diese verdammte Küche doch aus dem Keller geklaut worden." „Auch dafür kann die Vermieterin doch nichts, sie war doch nicht der Dieb", sagte der Logische. „Diebstahl hin oder her – wieso muss die Mieterin diese 17 Euro weiter zahlen?"

„Auch ich hab' von dem Urteil gelesen", sagte jetzt der Dritte, der Vergleichsbereite. „Die Vermieterin hat doch die Küche von der Versicherung ersetzt bekommen, ziemlich viel Flocken. Und wenn ich das richtig gelesen habe, soll dieser Mieter trotzdem weiter seine 17 Euro für diese Küche blechen, die erstens weg ist und zweitens durch Geld ersetzt. Das will mir nicht in den Kopf – diese Miete hat sich doch erledigt."

„Vertrag ist Vertrag", sagte der Logische. „Und wer nicht zahlt, riskiert einen Prozess." „Hat er ja auch – es waren sogar die Richter beim *BGH*, die gesagt haben: zahle weiter!" „Die Richter des Landgerichts waren da anderer Meinung", sagte der Vergleichsbereite. „Die Mieterin braucht nichts mehr berappen, und die Sache hat sich damit erledigt."

„Aber schon die Richter beim Amtsgericht sind da anderer Meinung gewesen", sagte der Logische. „Zahl' weiter, weil du das schriftlich versprochen hast." „So viele Richter und so verschiedene Meinungen", staunte der Vergleichsbereite „Ja, das nennt man den Rechtsweg", sagte der Logische. „Dann ist der Rechtsweg aber auch ein Irrweg", sagte der mit dem gesunden Menschenverstand. „Es ist doch einfach Irrsinn, wenn jemand für was zahlen muss, was es nicht mehr gibt und was längst als Schaden ersetzt worden ist. Wenn das die Logik der Juristen ist?"

„Es gibt halt verschiedene Formen der Logik." „Dann ist mir der gesunde Menschenverstand doch lieber." „Also", sagte der Vergleichsbereite, „sagen wir' mal so: Die Vermieterin hat ihr Geld, die Mieterin ihre Küche, und der Vertrag über die alte Küche fliegt in den Ofen. Und jetzt ist Schluss mit der Mieterei, wir sollten endlich Skatspielen."

Böse Nachbarn, gute Nachbarn

Es kann der Beste nicht in Frieden leben, wenn es dem bösen Nachbarn nicht gefällt – diese leicht abgewandelte Lebensweisheit ist uralt und hat bis heute wenig von ihrer alltäglichen Wahrheit eingebüßt. Ebenso ungeklärt ist aber die Frage, wann ein Mensch wirklich „böse" ist und welchen „Frieden" er seinem Nachbarn nimmt.

Der „böse" Mensch und der „gute" Mensch sind Gestalten aus dem Bilderbuch, aber sie bevölkern unseren Alltag, und sie beschäftigen alle, die sich für „gut" halten, mit der eigenen Lösung des Rätsels – damit sie wissen, wem man trauen kann. Natürlich beschäftigen sie auch die Psychologen aller Art. Aber vor allem beschäftigen sie auch die Gerichte. Und so ist es das eigentlich so bescheiden daherkommende Nachbarschaftsrecht mit seiner unendlichen Fülle von Streitigkeiten, deren Ursache eigentlich die Lebensweisheit sichtbar macht, dass man auf Dauer offenbar nicht „gut" zueinander sein kann, wenn man sich auf Dauer zu nachbarlich-nah ist.

Ist die Blumenpflege in einer Mietwohnung so etwas wie eine juristische Sünde oder wann kann diese Pflege zu einem rechtswidrigen Verhalten führen, das verboten und zu unterlassen ist? Ein solcher Fall hat das LG München unlängst beschäftigt. Die Blumen, um die es ging, wuchsen in Blumenkästen, die offenbar am Rande des Balkons hingen. Dies allein hätte für einen Rechtsstreit nicht gereicht. Zum Prozess kam es, weil die Blumen offenbar nachlässig gegossen wurden und daher das Wasser irgendwo in der Wohnung darunter landete – nicht nur in Tröpfchen. Der versöhnliche Schlusston des Urteils: Blumen auf dem Balkon sind erlaubt und natürlich müssen sie gegossen werden. Aber der Blumenfreund muss damit warten, bis auf dem Balkon niemand mehr ist, der gänzlich unerwünscht vom Wasser etwas abbekäme. Wenn ihm das aber einerlei wäre, wird aus dem „guten Blumenfreund" ein rücksichtsloser, also eher „böser" Mensch. Und dass er nachbarlich alles andere als „lieb" war, konnte man aus dem „bösen" Satz heraushören, den er der Nachbarin vor die Füße warf: „Du dreckige, alte Schlampe." Wahrlich ein „böses" Wort.

Um höhere Dinge, um einen Baum namens Bergahorn, ging es in einem anderen Rechtsstreit. Wer könnte etwas gegen einen malerischen Baum haben, der ganze 40 Meter hoch werden kann und bis zu zwei Metern dick – ein schöner Anblick, wenn er irgendwo draußen im Grünen steht. Aber da stand er gerade nicht, sondern wurde auf dem Balkon der Wohnung gepflanzt und mit drei Ketten als „Ruckdämpfer" an der Hauswand befestigt. Im Rechtsstreit um das Weiterleben des Baumes vertrat der Vermieter den strengen Standpunkt, dass solche Bäume das Erscheinungsbild eines Hauses verändern können – und das nicht zum Guten hin. Der Streit ging hier also weniger um „gut" oder „böse", sondern schlicht um die Frage, ob die Pflanzung eines Baumes noch vertragsgerecht ist und ob sie das Erscheinungsbild des Hauses verändere – zum Schlechten hin. Da man einem Baum das Wachsen nicht verbieten kann, ging es hier um „ja" oder „nein", und ein Vergleich, der in so vielen Streitigkeiten die Brücke zwischen „gut" und „böse" ist, war nicht sichtbar. Zwei Erscheinungsbilder standen sich gegenüber: das des Hauses und das des Baumes. Und es ist wohl, kurz gesagt üblich, dass Bäume nicht in den Himmel wachsen dürfen – jedenfalls dann nicht, wenn sie auf einem Balkon oder einer Loggia stehen. Wieder eine leicht korrigierte Lebensweisheit, die ihr Licht auch auf solch einen Prozess wirft.

Eheschließung nur zum Spaß?

Die Klägerin bezog eine Witwenrente. Die Rentenversicherung teilte ihr mit, dass bei einer Wiederheirat der Anspruch hierauf entfalle. Sie lernte einen neuen Lebenspartner kennen und sie wollten heiraten, allerdings sollte es keine der in ihrem Umfeld üblichen Eheschließungen werden, sondern so etwas wie ein Scherz in einer eigentlich doch sehr ernsten Sache. Wo aber scherzt man mit so etwas? Las Vegas, nicht Deutschland war das Stichwort. Also besorgten sie sich Flugkarten in diese Märchenwelt und alle möglichen, verlangten Papiere, die offenbar dem Scherz einen Anflug von Ernst geben sollten: Trauringe und auch die Sterbeurkunde des früheren Ehepartners – die Trauung verlief nah dem offenbar klassischen Ritual in dem berühmt berüchtigten Las Vegas.

Ob das „Spaßvergnügen" mit Orgelklängen oder mit fröhlichem Gelächter begleitet wurde, ist nicht bekannt. Jedenfalls fühlten sie sich am Ende des so empfundenen vergnüglichen Spaßes als Ehepaar.

Die Glückwünsche zu ihrer Heirat waren herzlich, höflich, neutral – bis ein amtliches Schreiben das briefliche Geplauder unterbrach. Es machte der Braut klar, dass aus ihr im Laufe der Zeit nicht nur eine doppelte Witwe geworden war, sondern sie auch zur Bezieherin einer doppelten Witwenrente. Und weil das Amt von ihrer neuen Heirat bisher nichts gewusst hatte, verlangte es von ihr die Rückzahlung einer sehr beachtlichen Summe.

Wieso denn das, wollte die Frau wissen. Die zweite „Ehe" sei doch nur eine „Spaß-Heirat" gewesen. Und sie habe nicht geahnt, dass in einer Candlelight Wedding Chaple in Las Vegas eine auch in Deutschland gültige Ehe zustande kommen könne, wenn man dort in „Country Kleidung" eine Trauungszeremonie in englischer Sprache erlebe und am Ende nur ein „Marriage Certificate" des Staates Nevada erhalte. Und eigentlich habe sie in ihrem letzten Lebensabschnitt nicht noch einmal heiraten wollen – allenfalls als „Spaßheirat", wie sie die Dinge sehe.

Das *SG Stuttgart* glaubte ihr, dass sie nicht an die amtliche Wirksamkeit ihrer „Spaßehe" gedacht hatte und verlangte keine Rückzahlung der ersten Witwenrente. Weniger „spaßgläubig" war allerdings das *LSG*. Nach Auffassung dieser Richter hätte die Frau erkennen müssen, dass die Trauungszeremonie ausweislich der Heiratsurkunde eine ernsthafte Eheschließung war – mit rechtlichen Auswirkungen auf die Witwenrente. Jedenfalls wurde ihr klar, dass Heiraten, wo auch immer, eine sehr ernsthafte Sache ist.

* * *

Recht auf Parallelehe

Im Recht spielt die Moral als verbales Konstrukt inzwischen eine eher bescheidene Rolle. Natürlich sind Worte, wie Recht, Moral und Verkehrssitte noch immer die großen Farbtupfer im Zivilrecht, natürlich sind die Worte „Treu und Redlichkeit" ein Text, der nicht nur am Rechtsleben der Heranwachsenden ganz ohne Spuren vorbeiziehen sollte. Denn gerade unsere heutige, so sachliche Zeit könnte unser sachliches Recht auch ruhig etwas wärmer verstehen, was ja auch nicht gerade schade wäre, nicht nur in den Jahren lange vor dem „Lebensend".

Aber auch heute noch können die Gerichte die Sache mit der Moral übertreiben. So wie es immerhin der *EGMR* in Straßburg zeigte, der sich unlängst mit einem Fall aus Polen beschäftigte. Nimmt man den Wortlaut der moralisch verwinkelten Entscheidung so wörtlich, wie er das verdient, könnte diesmal die Moral als Bremse vor einer Art Selbstverwirklichung dienen: Der *Gerichtshof* verwehrte einem Ehemann die Scheidung von seiner Frau, weil er es war, der mit seiner Untreue die Schuld am Scheitern der Beziehung hatte. Wie bitte?

Nach jahrzehntelanger Ehe hatte sich der Mann einer anderen Frau zugewandt und lebte nun, lange schon, mit ihr zusammen – in einer Parallelehe, wie Spötter das nennen. Nun begehrte er die Scheidung. Seine amtierende Ehefrau stimmt dem aber nicht zu. Sie sagt, sie liebe ihn immer noch und wolle sich mit ihm versöhnen.

Zwar kann ein Ehepartner auch nach deutschem Recht der Scheidung einige Zeit widersprechen, weil er den juristischen, bürokratischen Schlussstrich fürchtet. Aber das hat kaum mit Moral zu tun, vielleicht mit vergehender Liebe, vor allem wohl mit einer praktischen Abwägung. Im polnischen Recht steht vielleicht hinter dem Satz „Es gibt kein Recht auf Scheidung" der Gedanke: Jedenfalls durch unmoralisches Verhalten kann eine Scheidung nicht erzwungen werden. Wer sich unmoralisch verhält, so heißt es in dem Urteil allerdings nicht wörtlich, kann eine Scheidung nicht erzwingen. Und wer sich in einem klassischen Sinn ehemoralisch verhält, kann eine Scheidung verhindern – „bis dass der Tod Euch scheidet".

Dieser Paragraf des polnischen Eherechts erinnert, so heißt es in einer Besprechung des Urteils, an das Eherecht der Adenauerzeit in Deutschland. Seitdem ist unser Eherecht aber so Einiges wertfreier geworden, so sehr das Manche bedauern mögen. Schuld muss schon mitspielen bei der Scheidung, und wer dies ganz dem Partner überlässt, hat zwar keine lebenslange, glückliche Ehe, braucht aber auch keinem Partner nachzutrauern. Also: Es gibt kein Recht auf Scheidung, aber auch keinen juristischen Anspruch auf lebenslang gelebte Harmonie. Aber vielleicht immerhin auf so etwas wie einen Anspruch auf Parallelehe?

* * *

Scheidung auf Probe

Die beiden saßen in dem behaglichen Weinlokal „Zum Ochsen" im Südschwarzwald. Sie, Marion, die ewige Blonde und er, der Hartmut, schwarzhaarig mit dem beginnenden Haarausfall. Sie sahen hinaus auf die welligen Hügel des Schwarzwalds und hinauf in den blauen Himmel, wo zerklüftete weiße Wolken dem lieben Gott noch immer die Aussicht versperrten.

„Warum der sich das immer wieder gefallen lässt," maulte Marion. Der da oben will doch sicher auch etwas von der Welt sehen. Vielleicht hat er manchmal auch genug von dem, was er da zu sehen kriegt."

„Na, uns könnte er ja ausnahmsweise einmal in aller Ruhe betrachten." sagte Hartmut. „Wie du wieder deinen Weißwein trinkst – lieblich, wie du immer sagst. Brr, das ist doch beinahe so etwas wie Limonade. Ich traue denen da oben jedenfalls einen besseren Geschmack zu."

„Die Menschen sind vielleicht Geschmacksache, aber nicht der Wein." meinte Marion.

„Da irrst du dich schon wieder 'mal ganz gründlich. Die Menschen sind für die da oben Arbeit, der Wein gehört zur Freizeit, auch im Himmel."

„Na, wie du meinst. Ich war ja noch nicht da oben" antwortete Marion. Hartmut lächelte: „Ich auch nicht, aber ich habe so meine Phantasie." „Die lass ich dir auch."

„Danke, danke, ich wüsste aber auch nicht wie du mir die jemals wegnehmen könntest".

Nun bestellen sich die beiden wieder ein Glas Wein, weil das aber schon das dritte war, gab es auch um die Sache mit dem „herb" oder „lieblich" keinen Streit mehr.

„Prost" sagte Marion überflüssigerweise und blinkte Hartmut über das Weinglas zu. Und dann in einer Art von Amtsnachfrage: „Wie lange sind wir eigentlich schon zusammen?"

„O je", sagte Hartmut, „sicher schon viel *zu* lange."

„Lass mal deine Scherze, mir ist das wirklich ernst. Wie lange dauerte sie jetzt an, unsere wilde Ehe?" fragte Marion.

„Na, ganz so wild ist sie ja gar nicht mehr." schmunzelte Harald. Aber Marion fragte nochmals: „Wild oder zahm ... Wie lange?"

Hartmut überlegte. „Also. kennengelernt haben wir uns, als im Dorf der Maibaum aufgestellt wurde, das weiß ich noch genau. Und deine blonden Haare haben mich damals viel mehr interessiert als dieser Baum.
„Und ich habe auf deine Muskeln geguckt ... du hattest damals ein Shirt an, ich glaube sogar ein weißes mit dem runden Ausschnitt, und das war's." schwärmte Marion. „Also, ganz so weiß ist dieses Hemd heute auch nicht mehr ..."

„Aber deine Muskeln, die haben es mir immer noch angetan".

„Genauso geht es mir mit deinen blonden Haaren, Marion. Ein älteres Ehepaar, das sich an die Reize des anderen gewöhnt hat".

„Willst du damit etwa zart andeuten, dass wir Scheidungsreif sind?" fragte Marion.

„Dann muss ich dich wieder einmal zart daran erinnern, dass wir bis heute nicht geheiratet haben" sagte Hartmut.

„Du warst es doch, die immer dagegen war!"

„Ja, da hast du recht", sagte Marion." Aber kann man sich nicht auch in einer wilden Ehe scheiden lassen? Oder ist die etwa lebenslänglich?" fragte sie Hartmut. „Nu' denk doch 'mal nach – du bist doch der Mann ..."

„Nach sekundenlangem Nachdenken komme ich zu dem Schluss," schmunzelte Hartmut, „dass in einer wilden Ehe jeder sagen kann: Ich habe keine Lust mehr, sieh' selber zu, wie du weiterkommst".

„So eiskalt kann wieder einmal nur ein Mann denken," sagte Marion. „Nein, man macht sich einen schönen Abend, trinkt ein Fläschchen Sekt und sagt: Liebling, wir passen einfach nicht mehr so gut zusammen wie früher. Lass jeden von uns einen neuen Weg gehen."

„Das charmante *Adieu* einer Frau", sagte Hartmut. „Aber verdammt weh tut es trotzdem. Und übrigens: Auch heiraten kann wehtun."

„Jetzt geht es aber los," sagte Marion. „Das hat bisher noch niemand gesagt."

„Jedenfalls, wenn man dabei an die Trennung denkt," meinte Hartmut."

„Welche Trennung denn?"

„Na, wenn man an die Scheidung denkt", sagte Hartmut.

„Kein Mensch denkt doch an eine Scheidung, wenn er einen Bund fürs Leben schließt," entrüstete sich Marion.

„Das ist es ja gerade," sagte Hartmut. „Erst bei der Scheidung merkt man doch plötzlich, wen man da geheiratet hat".

„Kannst du vielleicht 'mal etwas deutlicher werden," fragte Marion.

„Na, nun tu mal doch nicht so. In unserem nicht gerade kleinen Freundeskreis sind doch auch schon einige Ehen in die Brüche gegangen. Und da gab es doch immer dieses Hand aufhalten: Ich krieg' das und das, und erst dann bist du mich los. Denk doch nur einmal an die Gabi. Die kam mit einer Pappschachtel mit Weingläsern als Hochzeitspräsent – mit *vier*, obwohl sechs in der Schachtel vorgesehen waren. Und nach zehn Jahren sagte sie amtlich „Tschüss" und dann stand ihr Mann, der Günther, jahrelang im Regen, bis er wieder bei Kasse war. Das ist aber nur einer von vielen Fällen: In der Scheidung wird aus dem „Schatzi" nicht selten ein „Schatz", der plötzlich so einiges wert ist".

„Frauen sind doch keine geborenen Ausbeuter," sagte Marion, der es in diesem Gespräch nun doch etwas mulmig wurde.

„Aber der Gerichtssaal im Scheidungsprozess ist für so manche ein richtiges Schlachtfeld," sagte Hartmut. „Man kämpft um Unterhalt, um den Versorgungsausgleich, um das halbe Haus, und um die 3 Kinder".

„Und wo bleibt die Liebe?" fragte Marion.

„Die ist schon lange auf der Strecke geblieben," erwiderte Hartmut.

„Ich jedenfalls möchte heiraten, vielleicht sogar dich," sagte Marion und es klang plötzlich doch ein wenig nachdenklich. „ Und ich werde ein anständiger Mensch bleiben, auch wenn es bei uns zur Scheidung kommen sollte."

„Das versprechen doch immer alle. Ich werde dir treu sein in guten und in schlechten Zeiten. Nur dass dieses Versprechen leicht unter die Räder gerät – jedenfalls in schlechten Zeiten."meinte Hartmut.

„Na, dann probieren wir's doch einmal." sagte Marion.

„Was – die Ehe?" fragte Hartmut überrascht.

„Nein, die Scheidung." schmunzelte Marion.

Nun blieb Hartmut doch auf einmal die Spucke weg. „Wer nicht verheiratet ist, kann sich doch nicht scheiden lassen."entrüstete er sich. „Wer sagt denn das?", fragte Marion herausfordernd. „Geh'n wir doch einmal zu einem Anwalt und lassen uns beraten."

„Für einen solchen Unsinn bin ich nicht zuständig, wird er sagen." meinte Hartmut. „Und dann wird er eine stolze Gebühr verlangen, weil wir ihm sinnlos die Zeit stehlen."

„Du weißt immer alles im Voraus,", sagte Marion. „Ich nicht. Aber hinterher bin *ich* immer schlauer." Nun war es Hartmut, der zur Weinflasche griff. „Noch ein Glas?," fragte er Marion.

„Na klar. Oder meinst du, ich lasse dir den ganzen Rest?. Der ist doch viel Schad' für dich".

An's Steuer in ihrem geliebten Auto hätte sich jetzt keiner von beiden mehr getraut, da könnte die Polizei etwas dagegen haben, wie Hartmut das in milder Ironie gerne sagte. Aber der Alkohol belebte, was sein gutes Recht ist, ihr Phantasiegespräch über die Scheidung auf Probe, wie Marion das nannte. Auch Hartmut roch jetzt etwas von dem Spaß, den so eine Inszenierung vielleicht bieten könnte.

„Aber" so sagte er nachdenklich, „ wäre das nicht so etwas wie ein Missbrauch eines Organs der Rechtspflege?" Wie der Rechtsanwalt im Stammtischgespräch respektvoll genannt wurde, wenn man seinen Rat in Verkehrsrechtsdingen einmal wieder brauchte.

„Einen Anwalt missbrauchen, das wäre in unserer jetzigen Sexismusdebatte wirklich eine ganz neue Variante," lächelte Marion. „Aber von seinem Wissen Gebrauch machen – davon lebt er doch. Und wir auch."

Hartmut blickte hilfesuchend zu seinem Weinglas hinüber. „ Dann werden wir ihn halt am Telefon um seinen Rat fragen. Und das machst – du!"

„Also Scheidung", sagte Marion, „das ist doch wirklich eine zu ernste Sache für's Telefon. Da gehen wir lieber hin in seine Kanzlei."

„Meinst du, dass ich auch dort ein Gläschen Wein trinken darf?", fragte Hartmut. „Ich werde sonst ein so ernstes Gespräch trocken bestimmt nicht durchhalten".

„Wenn du dich wieder einmal als Trinker blamieren willst, frag' ihn halt. Und ich werde dir dann seine Ratschläge später erklären."

„Also, du bist dabei mich rumzukriegen", sagte Hartmut. „Aber um das Telefon kommen wir nicht herum, wenn wir einen Termin haben wollen."

„Da hast du Recht: Ruf an!" gab Marion ihm zur Antwort.

„Nein, das machst du! Das Ganze ist doch sowieso dein Ding".

Nun blickte sie ihm so richtig in die Augen, wie sonst nur, wenn die Frage „liebst du mich noch" im Raum stand, und sagte: „Also, wir machen das."

„Eine Scheidung auf Probe. Jetzt bin sogar ich etwas gespannt." murmelte Hartmut.

Hartmut griff zum Telefon und wählte die Nummer des Anwalts, dem sie seit einigen Jahren so machen guten Rat verdankten. Natürlich war da besetzt, wie bei den meisten begehrten Rufnummern. Nach einigen weiteren Versuchen sagte ihnen die Dame am Telefon, der Doktor sei gerade in der Besprechung mit einem Mandanten. Wenn sie es eine halbe Stunde später noch einmal versuchen könnten. Dann klappte es, und nun gab Hartmut den Hörer an Marion weiter, die den Doktor Winkler um einen Termin bat.

„Dafür ist aber meine Sekretärin zuständig." sagte der Anwalt. Nun aber umhüllte sich Marion mit ihrem ganzen Charme. „Also, wir haben da eine sehr heikle Sache," sagte sie. „Sehr menschlich, und für Ihre Hände sicher der geeignete Fall. Sie haben doch einen so guten Ruf, den wir schon mehrmals erprobt haben."

„Kommen wir zur Sache." sagte der Anwalt. „Um welches ... hm, Thema geht es denn?"

„Um die Scheidung." antwortete Marion.

„Sie wollen geschieden werden?" fragte der Anwalt.

„Ja, so ungefähr".

„So ungefähr, was soll das heißen? Sie verschwenden schon wieder meine Zeit. Verschwenden Sie dann lieber die Zeit eines meiner Kollegen."

Bevor er aber den Hörer auflegen konnte, sagte Marion: „Unser Fall ist, glaube ich, sehr einmalig. Sie werden staunen, das jedenfalls verspreche ich Ihnen."

„Werden Sie bitte etwas deutlicher!" antwortete Dr. Winkler.

„Wir leben seit langem in freier Ehe zusammen – manche nennen das auch in „Wilder Ehe. Nun sind wir wild entschlossen, – uns zu heiraten. Aber wir haben gute Freunde, die sehr lebenskundig sind – beide schon zweimal geschieden. Und die raten uns aus ihrer tristen Erfahrung, es vorher einmal mit einer Scheidung zu probieren.

„Scheidung auf Probe", wie sie das nennen." erklärte Marion.

„Das ist ja wirklich eine originelle Idee." sagte der Anwalt. „In den dreißig Jahren meiner Praxis habe ich das Wort noch nie gehört. Scheidungsberatung gehört zu meinem Alltag, und, wenn es hilft, auch Eheberatung, falls die Ehe schief geht. Aber ‚Scheidung auf Probe'? Haben Ihre Freunde Ihnen gesagt, wie so etwas abläuft?"

„So irgendwie wie eine Scheidung halt, nur ohne den Klimbim des Gerichts. Aber wie das genau geht, wissen wir natürlich nicht," gab Marion zu.

Dr. Winkler wirkte ein wenig sprachlos, was für einen Anwalt ja kein Markenzeichen ist. Aber irgendwie schien ihn der Fall allmählich zu interessieren. „Also gut, kommen Sie am Freitag nächster Woche. Genaueres sagt Ihnen meine Sekretärin. Und dann so mehr im Scherz: „Lassen Sie Ihren Mann getrost zu Hause."

Jetzt färbte Marion ihre Stimme ein wenig energisch. „Mein Partner wird mitkommen. Das ist bei uns beschlossene Sache."

„Dann aber geht es, wie Sie schon gesagt, um einen wirklich originellen Fall," meinte der Anwalt erstaunt.

„Scheidungsberatung *vor* einer Ehe, mit dem Partner im Gepäck! Ich komme aus dem Staunen nicht heraus."

„Damit Sie weiter staunen können: Wir möchten, dass sie einen zweiten Anwalt hinzuziehen, damit jeder von uns *einen* hat. Das ist doch, wie ich weiß, nicht ungewöhnlich. Eine Scheidung braucht doch, soweit ich weiß, zwei Anwälte – mindestens".bemerkte Marion.

„Ja, im Prozess ist es üblich. Aber so weit sind wir doch noch lange nicht." antwortete Dr. Winkler überrascht.

„Wollen wir auch gar nicht sein."erwiderte Marion.

„Liebe Frau" sagte der Anwalt und (blickte auf die kleine Standuhr auf seinem Schreibtisch,)" ich sage das nicht gern zu einer Dame: Bitte lassen Sie mich jetzt in Ruhe. Bei allem, was mich an Ihrem Fall neugierig macht – jetzt verschwenden sie wirklich meine Zeit. Also dann ..."

„Geben Sie uns doch bitte den Termin etwas genauer," sagte Hartmut jetzt.

„Also gut, Freitag um 14 Uhr. Ich notiere mir jetzt einmal: Um 14 Uhr, für 15 Minuten".

Nun atmete Marion hörbar auf und sagte: „Ich freue mich wirklich auf sie ... eh, auf unseren Termin". Und dann haben wir noch eine sicher recht ungewöhnliche Bitte. Wir möchten die Probescheidung bei uns zu Hause machen, nicht in ihrer Praxis."sagte Marion.

„Ja, warum denn das?"war die überraschte Frage von Dr. Winkler.

„Weil wir uns da unbefangener fühlen, vielleicht natürlicher." sagte Marion. „Eine Anwaltspraxis macht uns wohl ein wenig befangen."

„Ihre Idee ist vielleicht nicht schlecht," sagte Dr. Winkler nach einigem Nachdenken. „Auch ich bin bei Ihnen zuhause vielleicht ... privater".

„Und noch eines," sagte Marion. „Wir möchten Sie gern in Ihrer Praxis abholen und dann mit Ihnen zu uns nach Hause gehen."

„Warum denn das?"nun war Dr. Winkler gänzlich überrascht.
„Weil, weil … weil es ein bisschen so wirkt, als hätte man einen alten Bekannten irgendwo getroffen und zu einem Gläschen Wein eingeladen – ganz privat."
„Sie gehen wirklich weit, Madame," sagte Dr. Winkler. „Aber eine Dame geht eigentlich nie *zu* weit."

Hartmut hatte dem Gespräch mit wachsendem Interesse zugehört und sagte später zu Marion: „Bei mir hättest du bestimmt keinen Termin bekommen, weder in der Praxis, noch zu Hause."
„Nun bin ich aber wirklich gespannt auf diesen Paragraphenritter," sagte Marion. „Und wer weiß, vielleicht verliebe ich mich am Ende noch in ihn."
„Wo du doch gerade dabei bist, dich zu entlieben." sagte Hartmut. „Aber gib ihm ruhig eine Chance". Marion lächelte: „So viel er will."
„Aber wieder zur Sache." sagte Hartmut ernst. „Heute ist Mittwoch, wir haben noch zwei Tage Zeit. Mach' dir jetzt Mal Gedanken."
„Also für komplizierte Gedanken bist ein für allemal du zuständig", sagte Marion. „Ich denke lieber darüber nach, welches Kleid ich anzie-

hen soll." Und dann gab sie ihm dieses luftige Küsschen, das immer der Schlusspunkt ihrer Gespräche war.

Die Praxis von Dr. Winkler war wirklich eine stilistische Fehlgeburt, wie Hartmut dies bei dem kurzen Besuch sah: Nüchtern-weiße Möbel, die die Sachlichkeit der Kanzlei betonten und von einigen Antiquitäten unterbrochen wurden, die sagen sollten: wir wissen schon, was zum guten Stil gehört. Der Anwalt saß hinter einem aufwendigen, barocken Tisch mit einer Platte, die auf ihrer Fläche nur einige juristische Sachbücher duldete. Die schöpferische Unordnung, wie Hartmut diesen Dinge immer taufte: Aktendeckel, Schnellhefter, Schreibblöcke, Kugelschreiber, Terminkalender, lagen verstreut auf kleinen, weißen Wägelchen mit Rädern, die für ihre Beweglichkeit zuständig waren.

Dr. Winkler stand nicht ganz ohne Mühe von seinem Ohrensessel auf und gab den Beiden die Hand. „Haben Sie gut hergefunden?" wollte er wissen. Nun war es Hartmuts Sache, seine Ironie auszupacken.

„Herr Dr. Winkler, Sie haben uns nur 15 Minuten Gesprächszeit gegeben, gehen Sie bitte behutsam damit um."

Jetzt huschte ein schmales Lächeln über das Gesicht des Anwalts und er sagte: „Also, wie Ihre Frau sagte, wollen Sie so etwas wie eine Scheidungsberatung."

Nun meldete sich Marion zum Wort. „Wie ich am Telefon schon sagte: Ich bin nicht seine Frau. Wir sind nicht verheiratet."

Dr. Winkler schaute Marion ernst an und sagte: „Und jetzt klären Sie mich darüber auf, was Sie dennoch über eine Scheidung wissen wollen."

„Ganz einfach," sagte Marion „wir wollen wissen, ob wir einander die richtigen Hände geben. Und wie mir lebenserfahrene Freunde sagen, weiß man das erst genau, wenn man sich scheiden lässt – wenn es also eigentlich zu spät ist."

„Das habe ich bei all meinen Fällen, mit denen ich zu tun hatte, wirklich noch nie erlebt. Die Liebe ist es doch, die über jeden Zweifel erhaben ist, und sie ist doch für die Heirat zuständig." meinte Dr. Winkler.

„Und ich habe nie geahnt, wie romantisch ein Anwalt sein kann." sagte Hartmut. „Sind Sie aber auch sicher, dass die Liebe eine Ehe überlebt?"

Dr. Winkler schaute Hartmut an. „Und ich habe nie geahnt, wie unromantisch ein Bräutigam sein kann. Bräutigam – das darf ich doch sagen?"

„Ja, natürlich. Und nun hätten wir halt noch gerne gewusst, was aus einem liebevollen Bräutigam wird, wenn er zum Ehemann wird." mischte sich Marion wieder ins Gespräch ein.

„Oder die Braut zur Ehefrau," ergänzte Hartmut schnell.

„Sie erwarten doch nicht etwa, dass ein Anwalt Ihnen eine Garantie geben würde, dass eine Ehe ewig hält – da sollten Sie besser einen Pfarrer fragen."

Hartmut ergriff nun das Wort: „Also, jetzt komme ich doch einmal zur Sache: Wir möchten mit ihnen einen Scheidungsprozess veranstalten – auf Probe. Aber bei uns zu Hause und nicht in ihrer so sachlichen Kanzlei. Und jemand führt Protokoll, was Marion und mir so alles einfällt. Und am Ende werden Marion und ich wissen ob wir jetzt leichten Herzens zum Standesamt gehen können."

Dr. Winkler schaute von Hartmut zu Marion. „Und welche Rolle soll mein Kollege dabei spielen?"

„Jetzt hören Sie einmal gut zu," sagte Marion. „Ich habe mich jetzt so an Sie gewöhnt, Sie sind *mein* Anwalt. Und der *andere* Anwalt, den Sie aussuchen, wird den Hartmut vertreten. Können Sie mir folgen?"

„Mit Mühe," sagte Dr. Winkler. „Aber ich weiß nicht, ob ich da nicht besser erst einmal die Anwaltskammer fragen sollte, ob das in unser Berufsrecht hineinpasst."

„Typisch Jurist!" raunzte Marion. „Als erstes kommen die Bedenken. Und dann – vielleicht eine Lösung."

Nun gaben sie sich alle zögernd die Hand und einigten sich auf einen Termin – für das ernste Scheidungs-Probe-Spiel. „Und vergessen Sie auf keinen Fall den zweiten Anwalt", sagte Hartmut. „Sonst bleibt unsere Ehe wild und scheidungsfrei."

Am Tag des Termins holten Marion und Hartmut Dr. Winkler und seinen Kollegen Dr. König ab und fuhren mit dem Taxi zu ihrer eher gemütlichen Wohnung, ihrem improvisierten Büro. Dr. Winkler wirkte recht entspannt, ebenso wie Dr. König. Inzwischen hatten beide auch mit der Anwaltskammer gesprochen und immerhin einiges Erstaunen ausgelöst. Diese Sache ist neu, sagten die Kollegen dort, aber sie sähen bisher nichts Verbotenes. Wenn Beratung über die Folgen einer Scheidung während des Prozesses nicht verboten ist, warum sollte sie das sein, bevor der Prozess läuft? Und übrigens: Auch das Berufsrecht der Anwaltschaft ist kein Ewigkeitswerk – es kann vernünftige Neuerungen vertragen.

Nun saßen sie zu viert beieinander, Monika, Hartmut und die beiden Anwälte.

„Ich möchte Ihnen sagen, dass ich mit meiner Gegenwart hier nur eine Bitte meines Kollegen Dr. Winkler erfülle."bemerkte Dr. König. „Er hat mich händeringend darum gebeten, dass ich ihn nicht im Stich lasse, weil er an diesem, Fall, sagen wir einmal, richtig Feuer gefangen hat. Ich kann das zwar überhaupt nicht verstehen, aber das ist üblich unter Kollegen."

Jetzt huschte ein breites Lächeln über das Gesicht von Dr. Winter, als er sagte: „Wir werden schon fertig werden mit den Beiden – und ihrem Fall."

„Dann fangen wir 'mal an." sagte Dr. König und stellte eine Frage an den Anfang: „Warum haben Sie bisher nicht geheiratet?"

Jetzt sah Marion verdattert zu Dr. Winkler hinüber und fragte: „Was soll diese Frage? Wer ist denn hier auf dem richtigen Dampfer?"

„Das frage ich mich auch," sagte Dr. Winkler und sagte zu Dr. König: „Sie wissen doch: Mit Mandanten kann man so ziemlich alles machen, solange man sie nicht irritiert.Also,die beiden leben in wilder Ehe und möchten sie gerne lösen, als sei's eine Ehe.

Also dann," sagte Dr. Winkler, zog die schwarze Robe an, die er immer bei Gericht trug und bat seinen Kollegen, seinem Beispiel zu folgen, damit die Inszenierung wenigstens der Form nach einem Gerichtsprozess ähnelte. Als der aber hilflos mit den Schultern zuckte, sagte Dr. Winkler: „Ich leihe Ihnen meine alte Robe, das ist doch keine verbotene Sache".

„Nur wenn sie mir gut steht," sagte Dr. König, der am Gerichtsprozess gerade die Kostümierung schätzte. „Wo ist ein Spiegel?" Der befand sich in an der Garderobe und nun kam Dr. König in Robe und mit amtlichem Gesichtsausdruck ins Zimmer zurück. Amtlich war jetzt auch sein Tonfall als er fragte: „Wie stellen sie sich Ihre Scheidung vor? Was verlangen Sie an Unterhalt?"

„Ich will überhaupt keinen Unterhalt."sagte Hartmut. „Ich kann mich selber ernähren."

„Unterhalt für den Ehemann, das wäre auch recht ungewöhnlich", sagte Dr. König. „Und Sie?" fragte er Marion.

„Ich bin eine Frau, habe meinen Beruf für einen Mann an den Nagel gehängt und möchte auch in Zukunft sorgenfrei leben."

„Wie meinen Sie das?" fragte Dr. König. „Sorgenfrei oder arbeitsfrei?"

„Ich habe mich noch nie um die Arbeit gedrückt. Warum sollte ich jetzt damit beginnen?", fragte sie Hartmut.

„Das Gericht sitzt hier," sagte Dr. König. „und dem schulden Sie jetzt Rede und Antwort."

„Also, hohes Gericht; ich werde weiter arbeiten, möchte aber am Monatsende möglichst wieder so viel im Portemonnaie haben, wie bisher". sagte Marion bestimmt.

„Also Aufstockungsunterhalt." sagte Dr. König.

„Nennen Sie das, wie Sie wollen." war Marions knappe Antwort.

Jetzt schrieb auch Hartmut so einiges auf das Papier, das vor ihm lag. „Also, sehen Sie," sagte er, „sie will doch 'was haben."

Marion schaute Hartmut an. „Ich hab' aber nicht gesagt, wie viel. Sei jetzt nur kein Pfennigfuchser!"

„Also über die Höhe werden wir uns einigen." sagte Dr. Winkler.

„Na, hoffentlich," sagte Marion und weiter: „das fängt ja gut an".

Warten wir mal, wie's weitergeht." sagte Dr. Winkler. „Wer wird im Haus bleiben?"

„Ach ja, das wunderschöne Haus," sagte Marion. „Das Schloss unserer Ehe .... Also Eigentümer sind wir beide, so steht es im Grundbuch."

„Aber im Grundbuch steht auch, dass wir Schulden haben, bei der Sparkasse", warf Hartmut ein. „Du und ich!"

„Und wer wird die Schulden übernehmen?" fragte Dr. Winkler.

„Natürlich mein ... natürlich Hartmut." sagte Marion." Denn er hat das Haus ja immer gewollt."

„Aber du hast doch auch darin gelebt und dich wohlgefühlt, als Schlossherrin", antwortete Hartmut überrascht.

„Nicht ganz so sauwohl, wie du immer von dir gesagt hast."war Marions Antwort.

„Aber immerhin," sagte Dr. Winkler. „wer das Haus als Alleineigentum erhält, wird wohl auch auf den Schulden sitzen bleiben."

„Siehst du, der Mann blickt durch," sagte Marion. „*Du* hast das Haus, *du* hast die Schulden."

„Ja; und soll ich der Marion das halbe Haus jetzt schenken?" fragte Hartmut.

„Hergeben ja, aber vom Wert werden die Schulden natürlich abgezogen!" lautete Dr. Winklers fachmännische Aussage.

„Aber mir tut es doch so weh, ein Haus zu verlieren," sagte Hartmut, „in dem ich mich jahrelang so wohlgefühlt habe."

„Scheiden tut halt weh." warf Marion ein. „Da kann dir auch kein Anwalt helfen."

„Aber gibt es nicht auch einen ideellen Schaden, der ersetzt werden muß?" fragte Hartmut vorsichtig. „Davon habe ich doch gehört."

„Du hörst offenbar immer nur von Sachen, die dir wohltun," sagte Marion.

„Also, wollen wir jetzt um eine recht einfache Sache lange streiten?" fragte Dr. Winkler.

„Du kannst gern immer wieder zu Besuch kommen," sagte Hartmut jetzt an Marion gewandt. „Und vielleicht werden wir dann ideale, nein ideelle Zeit miteinander verbringen."

Da nun auch Marion zaghaft lächelte, sagte Dr. Winkler: „Also, dann wäre immerhin die Sache mit dem Haus geklärt. Kampflos und zur Zufriedenheit."

„Von Zufriedenheit kann wohl keine Rede sein." sagte Marion. „Denn ich muss jetzt ausziehen und mir eine Wohnung suchen."

„Das wird dir schon gelingen" ermunterte Hartmut sie. „Bei deinem Aussehen."

„Mach' mir nur keine Komplimente," sagte Marion verwirrt. „Ich will doch mit dir streiten und nicht zufrieden sein".

Also, dann," sagte Dr. König. „Wer bekommt das Auto?"

„Das Auto will ich," sagte Marion schnell. „Es ist ein Cabrio und passt mit seinem Blau wirklich gut zu meinen blonden Haaren."

„Das Auto bleibt bei mir." sagte Hartmut entschlossen. „Es ist sportlich und gehört in seiner schönen Form einfach zu mir."

„Da ist er jetzt wieder, der eitle Hahn." sagte Marion. „Männer und Autos, das ist wirklich eine alberne Blutverwandtschaft."

„Männer waren es, die das Auto einmal erfunden haben, und seitdem daran arbeiten, es zu verbessern." bemerkte Hartmut. „Und ihr setzt euch einfach da hinein und lasst die Haare flattern. Und was, übrigens kriege ich für das Auto?" fragte er Dr. Winkler.

„Das gehört zum Ehevermögen und wird verteilt." war die knappe Antwort.

„Dann soll das Gericht auch darüber entscheiden, wem dieses Stück vom Vermögen zusteht," sagte Marion und verschränkte die Arme vor der Brust.

Nun drehten sich die Anwälte zur Wand und flüsterten vor sich hin. „Das Schiedsgericht entscheidet," so Dr. König, „das Auto bleibt im Eigentum von Hartmut."

„Ach, und was sagt *mein* Anwalt?" wollte jetzt Marion an Dr. König gewandt wissen. „Sie sagen überhaupt sehr wenig. Warum sitzen Sie denn hier? Also, dass dieses Auto einen Haufen Geld wert ist, das wissen wir beide."

„Aber irgendwie gehört es doch auch zum Haus, wie die Anwälte richtig erkannt haben", sagte Hartmut. „Also gehört es jetzt mir!"

„Aber ich hab' doch ein paar Raten vom Kaufpreis bezahlt," entrüstete sich Marion. „Gibst du mir die jetzt wieder zurück?"

„Ich denke gar nicht daran." antwortete Hartmut. „Schließlich hast du ja oft genug im Auto gratis *bella figura* gemacht. Und das war dir so einiges wert."

„Ich sehe, dass wir hier nicht weiterkommen. Stellen wir es zurück und sprechen jetzt über andere Sachen." beschloss Dr. Winkler.

„Ja, über den Versorgungsausgleich." warf Dr. König. „Der ist noch wichtiger als manches Auto."

„Versorgungausgleich? Was bedeutet das?" fragte Marion erstaunt.

„Also es ist für Sie noch zu früh, an irgendeine Rente zu denken," erklärte Dr. Winkler. „Aber irgendwie sind wir alle auf dem Weg dorthin. Und dann wird verglichen, wer die höhere Rente bekommen wird. Und wer mehr an Altersversorgung bekommt, muss den höheren Betrag mit dem Partner teilen."

„Wieso denn das?" entrüstete sich Hartmut. „Ich möchte von dem, was ich mühsam fürs Alter erworben habe, nicht gerne was abgeben. Was mach' ich denn sonst in meinen alten Tagen?"

„Aber du bist es doch dann, der Mehr hat. Und der kann gut was abgeben", erklärte Marion.

„Aber ich bin es doch, der für mein Alter vorsorgt." sagte Hartmut. „Und das hättest du doch auch für dich tun können!"

„Ist das jetzt der berühmte Altersgeiz?", fragte Marion ironisch. „Wenn es dir besser geht als mir, kannst du doch auch was abgeben. Und warum hättest du dann nicht genügend für dich selber gesorgt?

„Hab' ich doch, aber ich hab' nicht gewusst, dass du auch bei einem älteren Herrn die Hand aufhältst."entrüstete sich Hartmut. „Also soll ich auf den Versorgungsausgleich verzichten?" fragte Marion Dr. Winkler.

„Das kann ich Ihnen nicht empfehlen," sagte dieser, „man weiß ja nie, was auf einen zukommt"

„Also vertrauen wir einmal auf die Zukunft," sagte Hartmut nun entspannter. „Wer weiß, wen du als Nächsten heiratest?"

„Ich weiß nicht, wann ich noch einmal an Heiraten denke," sagte Marion. „Nachdem ich jetzt so einiges vom Scheiden gelernt habe."

„Also, jetzt will ich aber doch 'mal ein Wort sagen," Dr. Winkler räusperte sich. „Glauben Sie mir – oder uns." und er dreht sich jetzt zu seinem Kollegen herüber. „Wir haben Schlimmeres erlebt. Nicht wahr?" Dr. König strich mit der Hand über seine Krawatte und sagte: „O ja, aber wir sind ja noch immer eher am Anfang."

„Da haben Sie Recht," stellte Dr. König fest, obwohl er einem Kollegen gegenüber höchst ungern zugab, dass dieser im Recht sei. „Also – machen wir weiter."

„Aber, wie weiter," fragte Marion.

„Na, das Wichtigste sind ja wohl die Kinder"., stellte jetzt Dr. Winkler fest. „Die wir nicht haben." antwortete Hartmut. „*Leider nicht – noch nicht.*"

„Du warst es doch, der sich immer um den Nachwuchs herumgedrückt hat", bemerkte Marion erstaunt. „Ich wollte Kinder doch vom ersten Tag an."

„Von der ersten Nacht an." korrigierte Hartmut sie mit unsicherem Schmunzeln. Aber, so dachte er, ein kleiner Scherz passt doch wohl sogar in eine Probescheidung hinein.

„Soll ich jetzt einmal auspacken?" fragte Marion." Du hattest Angst vor der Verantwortung. Das war deine Ausrede."

„Das ist auch für mich eine ganz neue Situation," stellte jetzt Dr. Winkler fest. „Sie streiten jetzt um die Betreuung von Kindern, die es noch gar nicht gibt. Wollen Sie das wirklich?"

„Na, wenn wir schon einmal dabei sind."entgegnete Hartmut.

„Das geht mir aber doch zu sehr ans Herz."sagte Marion. „Wollen wir das nicht besser für unsere wirkliche Scheidung aufsparen?"

„Wenn das heute alles gut läuft, wird es zwar eine Ehe geben, aber keine Scheidung."entgegnete Hartmut.

„Also," fragte Dr. Winkler, „wer wird die Kinder zu sich nehmen, wie sollen sie leben?"

„Kinder gehören zur Mutter," bestimmte Marion. „Das war schon immer so!"

„Ob das aber auch schon immer gut war?", fragte Hartmut skeptisch.

„Also zwei Kinder sollen es ja schon sein. Wie wäre es, wenn jeder von uns eins bekäme?"

„Schon wieder typisch Mann, schnaubte Marion." Machen wir Halbe/Halbe, dann ist das ist doch gerecht. Nein, Kinder sind keine Ware, die man halbieren könnte".

„Und dein Vorschlag?" fragte Hartmut.

„Jetzt brauche ich erst mal eine Pause," sagte Marion. „Und eine Zigarette!"

„Bitte lieber draußen," sagte Dr. König, der ja der Hausherr war.

Als sie wieder hereinkam hatte sie noch Asche auf ihrem hellblauen Pullover. Aber ihr Schritt war sicher und ihr Lächeln war gewinnend, wie vor dem Spiegel trainiert.

„Also, wenn wir Kinder haben und trotzdem auseinandergehen", sagte Marion, „ist es allein Sache der Kinder zu entscheiden, bei wem von uns sie bleiben wollen. Beide zusammen, oder der eine da und der andere dort. Einerlei, wer da was zahlt."

Hartmut blickte jetzt eine Zeitlang in die Runde und dann auf den Rosenstrauch vor ihm auf dem Tisch, und sagte:

„Du hast ja wirklich Herz." und dann in langsam gesetzten Worten: „Da muss ich dir Recht geben. Die Kinder können für alles nichts, was wir ihnen da vorleben, oder sagen wir besser – antun. Und jetzt dürfen *sie* entscheiden, wo sie sich wärmer fühlen." Und dann streckte er, zwar ein wenig zögernd, seine Hand aus in Richtung Marion und lächelte ganz unverstellt froh, als sie von ihr Gebrauch machte.

„So sachlich-einfühlsam haben wir, ehm: habe *ich* den Kampf um die Scheidungskinder in meiner Praxis kaum je erlebt," sagte Dr. Winkler. „Da möchte ich Ihnen beiden wirklich einmal ein Kompliment machen."

„Da sind wir schon wieder einmal einer Meinung," sagte Dr. König. „Wollen wir damit die Akten zuklappen, eine Art *von happy end?*"

„Eher noch nicht," antwortete Dr. Winkler. „Sonst staunen die beiden vielleicht darüber, welch einfache Sache eine Scheidung ist."

„Also – was noch?" fragte ihn Dr. König.
„Na, etwa den Zugewinnausgleich." bemerkte Dr. Winkler und wunderte sich darüber, dass seinem Kollegen dieses Wort bisher nicht eingefallen war.
„Schon wieder so ein Ausgleich," maulte Hartmut. „Ich bin ein Mann, und sie ist eine Frau, wie sollen wir das jemals ausgleichen?"
„Lass mal deine Scherze." entgegenete Marion ernst. „Zugewinn, was ist denn das? Wobei sollen wir denn gewinnen?"
„Beim Arbeiten, beim Sparen, beim Leben," sagte Dr. König.
„Also wieder einmal: Wer am Ende irgendwie Mehr hat als er am Anfang hatte," fragte Hartmut, "der muss blechen?"
„Wenn Sie es so wollen : Ja." antwortete Dr. Winkler. „Also sollte man irgendwie alles auf den Kopf hauen." stellte Hartmut ernüchternd fest. „Nur was man verbraucht hat, das hat man."
„Wenn nichts mehr da ist, macht das die Scheidung aber auch nicht glücklicher", entgegnete Dr. König.
„Glückliche Scheidung, das ist wohl eine Erfindung von Ihnen?" fragte Marion.
„Na ja, wir sind ja ohnehin auf dem Weg dorthin," lächelte Dr. König. „Wenn Sie so weitermachen, haben Sie ziemlich sicher sogar noch eine glückliche Ehe vor sich."
„Das hätten wir beide fast vergessen," stellte Hartmut erstaunt fest.
„Also jetzt zum Zugewinnausgleich." sagte Dr. Winkler.
„Das ist für mich jetzt beinahe ein bisschen langweilig," entgegnete Marion. „Wenn der Partner auf meine Kosten seinen Reibach macht, und plötzlich mehr hat als ich, dann kann er ruhig was hergeben. Da sehe ich nichts Ungerechtes."
„Ja, wer mehr leistet und dadurch mehr verdient, dem willst du ans Eingemachte gehen", eiferte sich Hartmut. „Das ist doch gar nicht fair."
„Fair oder unfair, sag' das doch lieber beim Fußball gucke." konterte Marion."
„Den Zugewinnausgleich kann man natürlich ausblenden, wie so einiges vom Scheidungsrecht", teilte Dr. Winkler den beiden mit. „Und das sollten wir ruhig hier einmal tun. Melden sie sich einfach dann, wenn Sie Angst haben, Ihr Vermögen zu verlieren."
„Ich hab' eher Angst davor, es nicht zu einem Vermögen zu bringen." äußerte Marion.

„Das wäre dann eigentlich alles." Entgegneten die beiden Anwälte wie im Chor." Oder?" Und dann blickten sie sich zum ersten Mal an diesem Tag gegenseitig so richtig in die Augen.

„Halt mal." sagte Dr. König und dann: „Stichwort Hausrat. Die Verteilung des Hausrats, also alles was in der Wohnung im Zusammenleben zum täglichen Gebrauch gehört, ist zunächst einmal Sache der Eheleute. Das Gericht mischt sich da erst hinein, wenn's denen beim besten Willen nicht gelingt sich zu einigen – wer was kriegt. Aber so weit sind wir ja nun wirklich noch nicht."

„Wenn Sie sich jetzt so ziemlich einig sind?" sagte Dr. Winkler „dann können wir ja ..."

„Halt!" rief Marion aus voller Kehle, „was wird denn aus dem Hund?"

„Ach ja," sagte Hartmut kleinlaut, „den hätte ich wirklich beinahe vergessen"

Die beiden Anwälte sahen nicht gerade glücklich aus, als sie merkten, dass der Vorhang, der sich gerade schließen sollte, wieder aufging.

„Nur damit das klar ist, anders als die Kinder haben wir den Hund schon heute – wirklich."

Was ist denn das für ein Hund?" wollte Dr. König. wissen. „Ach, eine Art von Labrador, etwas gemischt," sagte Hartmut, „und ich liebe ihn fast ebenso wie die Kinder es tun."

„Ja," bemerkte Marion, „du hattest den Hund ich hatte die Arbeit mit ihm."

„Arbeit am Hund ist ein Vergnügen." schmunzelte Hartmut." Ebenso wie die Arbeit mit den Kindern."

„Hast Du das eigentlich schon 'mal versucht?" fragte Marion mit gekräuselter Oberlippe. „Dich hat doch schon das Zugucke erschöpft."

„Jetzt lassen Sie doch mal das alles gut sein." meinte Dr. König. „Sicher hatten Sie beide das Tier lieb und es ist nicht unsere Aufgabe herauszufinden, wer diesen Labrador lieber hatte."

Nun mischte sich Dr. Winkler. in das Gespräch ein. „In manchen Gerichtsentscheidungen werden Haushunde als Hausrat angesehen und rechtlich auch so behandelt"

„Ein Hund als Hausrat", empörte sich Marion, "das kann wieder einmal nur einem Juristen einfallen – ein Hund oder – eine Kaffeemaschine."

„Wenn Hunde in einer Ehe gemeinsamen angeschafft werden, gehören sie tatsächlich zum Hausrat", sagte Dr. König. Wir könnten deshalb nach Billigkeit entscheiden, wer den Hund mitnehmen darf. Merken Sie sich das, wenn's bei Ihnen einmal wirklich ans Scheiden geht". „Haben denn Richter überhaupt kein Herz," sagte Marion.

„Ich meine jetzt für Tiere."

Wir verteilen unser Herz schon recht gleichmäßig, über Menschen und Tiere." bemerkte Dr. Winkler. „Aber bei Ihnen geht es ja bisher nur um Phantasie."

„Ich meine, wir sollten es beim Hund ebenso machen wie bei den Kindern *in spe*", sagte Marion. „Er soll sich sein Herrchen aussuchen, oder sein Frauchen. Ein Hund merkt ja schnell wenn's kriselt", fügte sie lächelnd hinzu. „Wieder eine gefühlvolle Lösung eines gefühlsreichen Problems." lobte Dr. Winkler. „Ach nein, Entschuldigung, Ihr Mann hat ja noch nichts dazu gesagt."

„Halten Sie mich vielleicht für völlig gefühllos?", fragte Hartmut gekränkt. „Der Hund soll sich entscheiden, wie die Kinder auch!"

„Wieder ein Kompliment für sie beide." sagte Dr König. „Sie können loslassen, bevor Sie etwas zerreißen. Bleiben Sie so."

Beim Aufstehen sah sich Dr. König. noch einmal in dem Zimmer um, in dessen Ausstattung man den guten Geschmack seine Berufskonkurrenten förmlich riechen konnte. Dann fiel sein Blick auf einige Gegenstände, deren lange Vergangenheit man ihnen ansah.

„Ich sehe hier so einige wirklich hübsche Antiquitäten, vor allem diese beiden chinesischen Vasen. Ist das gemeinsam erworbener Hausrat oder in wessen Eigentum sind sie?"

„Hausrat, wie das klingt," schnaufte Marion.

„Das sind Wertgegenstände" entgegnete Hartmut, „und irgendwie gehören sie uns beiden."

„Das stimmt nicht," bemerkte Marion. „Jedenfalls diese beiden, großen, wunderschönen Blumenvasen haben *mir* meine Eltern geschenkt. Und die gehört also *mir!*"

„Die haben deine Eltern uns beiden geschenkt," sagte Hartmut „und die gehören also seit langem *uns.*"

„Das lügst du," zischte Marion jetzt in scharfem Ton. „Meine Eltern haben mich ganz bestimmt mehr geliebt als dich. Ich bin ihr einziges Kind. Und du?"

„Na, zum Kind deiner Eltern werde ich es nie mehr bringen."

„Laß doch 'mal deinen Quatsch, die Sache ist ernst."

„Also diese Vasen sind wirklich schön und wertvoll", bemerkte Dr. Winkler, der sich in den Katalogen von Antiquitäten auskannte. „Da haben Sie Recht, Frau Marion."

„Ja, und gerade weil sie wirklich schön und wertvoll sind, kannst du sie dir nicht einfach unter den Nagel reißen", sagte Marion.

Jetzt versuchte es Dr. König. mit behutsamen Schritten zu einem Vergleich zu gelangen." „Sie haben bisher in allen Streitfragen bösen Streit vermieden – wie gesagt, ein großes Kompliment. Und jetzt soll es ausgerechnet bei diesen Vasen zum Hahnenkampf kommen?" fragte Dr. Winkler erstaunt

„Ich bin aber doch eher eine Henne. Was habe ich da in einem Hahnenkampf zu suchen?" entrüstete sich Marion.

„Na ja, es war ja nur mal so 'ne Redensart." sagte Dr. Winkler einlenkend. „Sie beide waren, sagen wir das 'mal so, friedliche Hühner."

„Aber bei den Vasen gibt's keinen Frieden," sagte Marion entschieden. „Dann möchte ich eher geschieden werden – o pardon, dann möchte ich eher nicht heiraten."

Und dann packte sie alle Papiere in ihre Tasche.

Nun roch Hartmut den Ernst der Lage. „Weißt du was," sagte er, „es sind doch zwei Vasen."

„Ich sehe schon, worauf du hinaus willst, du denkst wieder an Halbe-Halbe. Wir sollen die beiden teilen, eine für dich, eine für mich – jeder hat dann seinen Teil. Aber den hast du jedenfalls nicht verdient! Also Ende der Geschichte."

„Nun mal langsam," besänftigte Dr. Winkler Marion. „ Jetzt rauchen Sie beide besser noch 'mal ne Zigarette – in ihrem eigenen Zuhause auch – wenn uns beide das trotzdem stört."

Als die beiden wieder herein kamen, hatte Hartmut den Arm um sie gelegt. „Das Nein einer Frau ist heute unerbittlich." sagte er. „Das haben wir Männer in dieser Sexismus-Debatte gelernt. Und sie will nicht dass ich von den Vasen was abbekomme. NEIN! Also kauf' ich mir lieber 'ne schlichte Blumenvase und stecke eine einsame Rose hinein."

„Und so kommt zum guten Ende alles unter einen Hut." summte Dr. König, ein wenig unsicher in der Tonlage. Und dann holten sich beide Anwälte ein wenig Luft und blickten ziemlich unsicher vor sich hin. Dann sagte Dr. Winkler mit Blick auf die Parteien: „ Die Sitzung ist geschlossen."

„Und jetzt?" Dieser Satz stand im Raum. „Jetzt zieht das Anwalts-Schiedsgericht sich zur Beratung zurück", entgegnete Dr. Winkler. „Bitte jetzt erst 'mal 'nen dicken Kaffee," sagte Dr. König. „Richter sein ist wohl doch keine so einfache Sache."

Jetzt erschien die Hausherrin, die Mutter vom Hartmut, auf der Bildfläche, ihr Sohn und Marion blieben auf ihren Stühlen sitzen. Nun nahm sich Dr. Winkle ihrer an. „Unsere Beratung kann dauern." sagte er zu allen „Und da können Sie selbstverständlich nicht einmal Zaungäste sein. Ich rate Ihnen, machen Sie sich was Gutes zum Essen und genießen Sie noch Ihre Wilde Ehe."

„Soll das heißen, dass die Tage unserer Wilden Ehe jetzt gezählt sind?", fragte Marion Dr. König.

Dr. Winkler zog die Augenbrauen hoch. „Sie können doch einem Richter nicht eine solche Frage stellen, bevor das Urteil gesprochen ist!"

„Na, ich dachte nur, dass alles klar ist", sagte Marion. Dr. Winkler blickte ihr aus seinen faltigen Augenwinkeln in die jungen Augen. „Bei einem Streit vor Gericht ist nichts klar. Merken Sie sich das. Deshalb gibt es doch das Urteil, das alles klären soll – jedenfalls für den Gewinner."

Das war wirklich eine hübsche Premiere," sage Dr. Winkler zu Dr. König. „Ich glaube, wir sollen das öfter machen."

„Ich bin mir da nicht so sicher," sagte König „war das nicht eine Parodie – auf den uralten, heiligen Scheidungsprozess?"

„Na, und wenn schon? Parodien zeigen doch auch Wahrheiten." Schmunzelte Dr. Winkler.

„Welche denn?" fragte Dr. König.

„Die Wahrheit ist," meinte Dr. Winkler, „dass Streit und Versöhnung im Prozess nahe beieinander liegen können. Und so war es hier halt auch."

„Finden Sie, dass die beiden hier wirklich sanft und einfühlsam miteinander umgegangen sind?" fragte Dr. König.

„Ja, wenn's ums Geld ging – Unterhalt und so. Beim Streit darum wackelt doch sonst bei jeder Scheidung die Wand. Und hier? Unterhalt, Hypothekenschulden, Zugewinnausgleich, Ausgleichsrente, Unterhaltsausgeich: Ruhe, nicht vor dem Sturm, sondern statt Sturm. Aber einmal

abgesehen vom Geld: Die menschlich wichtigste Frage war doch der Streit ums Kind und, nicht zu vergessen: Der Hund." sagte Dr. Winkler.
„Ja, aber gerade da musste doch die Frau eine Pause einlegen, um mit sich ins Reine zu kommen.", sagte Dr. König. „Das zeigt, dass sie in dieser menschlich so wichtigen Frage eigentlich nicht nachgiebig sein wollte," sagte der Winker. „Aber Respekt: Nach nur einer Zigarette hatten aber doch die Kinder gesiegt und deren Wohl."
„Die Kinder, aber nicht der Mann".
„Um das Wohl der Kinder ging es aber doch gerade," sagte Dr. Winkler „und nicht um das Wohl des Mannes. Und deshalb halte ich diese Frau für eine noble Ehepartnerin,. Ich finde, daß sie manchmal recht zickig reagiert hat", sagte Dr. König.
„In welchem Punkt denn?", wollte Dr. Winkler wissen. „Wir haben ja leider kein genaues Wortprotokoll geführt – deshalb habe ich auch nicht alles im Kopf."
„Das müssten Sie aber," sagte Dr. König. „Anders als ich haben Sie es doch immerhin zum Vorsitzenden in unserer Jury gebracht."
Jetzt zündete sich Dr. Winkler eine Zigarette an – ungefragt. Und als die ersten Rauchwölkchen sichtbar wurden, fragte er: „Herr Kollege, wollen wir jetzt *miteinander* streiten – persönlich oder über den Fall?"
„Über den Fall werden wir uns hoffentlich: einig werden," sagte Dr. König. „Das gelingt uns doch eigentlich oft in einer Beratung."
„Also dann schlage ich als unsere Entscheidung vor," sagte Dr. Winkler, „Marion und Hartmut sind geschieden Sie haben sich in der Verhandlung vor dem Scheidungsgericht aber in den wesentlichen Fragen menschlich und fair miteinander .... Das Gericht hält sie darum für geeignet, auch miteinander eine Ehe einzugehen. Verhandelt und entschieden am ..."
„Ich stimme Ihnen zu, wenn auch zögernd und mit gemischten Gefühlen" sagte Dr. König „Aber wo bleibt der ‚Name des Volkes?'"
„Das „Volk" wird sich erst allmählich an diese neue Rechtsform des Eherechts gewöhnen müssen – der Scheidung als Ehe-Voraussetzung." sagte Dr. Winkler.

Als die beiden Anwälte in das Verhandlungszimmer zurückkehrten, saßen Monika und Hartmut ziemlich eng umschlungen auf der Richterbank. „Vorsicht!", sagte Dr. König. „Pornographie hat keinen Platz im Gerichtssaal. Noch sind Sie ja nicht verheiratet." „Da sehen Sie aber," sagte Hartmut, „wie wild gerade eine wilde Ehe immer noch sein kann." „Na, schau'n mer mal, wie's mit Ihnen weitergeht." bemerkte Dr. Winkler." Jedenfalls das Gericht hat sich einstimmig eine Meinung gebildet. Und wie sehen Sie die Dinge? Würden Sie sich wirklich gern heiraten, wenn Sie diese Scheidung vor Augen haben?" „Unbedingt." sagte Marion.

„Ich eigentlich auch – wenn ich nichts Bessere finde," sagte Hartmut.

„Du Scheusal," sagte Marion, „ich glaube, ich sollte meine übereilte Meinung noch einmal überdenken."

„Also: Ja oder nein?" fragte Dr. Winkler.

„Ja!" sagte Hartmut jetzt, und da er ohne kleine Scherze nicht auskam: „Wenn nur die Marion nichts Besseres findet."

„Über Ihre Zukunft dürfen Sie weiter scherzen. Der Spruch des Gerichts ist jedenfalls endgültig".

Und dann standen beide Anwälte auf, nahmen Haltung an und sagten *uni sono*: Die Parteien haben ihre Probe-Scheidung bestanden – human und mit gegenseitiger Rücksichtnahme. Die kleinen Kontroversen gehören zum Zusammenleben zweier Menschen, sie sind normal. Also sind beide ehetauglich. SIe können einander heiraten, müssen aber wissen, dass ihre Ehe fortan unscheidbar ist. Deshalb versichern sie rechtsverbindlich, dass ihre Ehe für sie unauflöslich ist, bis dass der Tod sie scheidet".

Nach einer kurzen Pause andachtsvoller Stille umarmten sich die beiden und küssten sich – verheiratet.

„Hast du eigentlich schon einmal darüber nachgedacht, was die anderen Gerichte dazu sagen würden?" fragte Marion. „Wenn wir uns dann heiraten, hat unsere Ehe dann wirklich Bestand? Und wenn wir doch noch einmal auf die Idee einer Scheidung kommen sollten, weil wir doch jemand anderes heiraten wollen? Was dann?"

„Das ist nicht unsere Sache," sagte Hartmut, "das überlassen wir diesen Gerichten. Aber, liebe Marion, wieso denkst du jetzt daran?"

„Also – das weiß ich auch nicht so recht!"

ENDE